ルールと見どころ！
オリンピック・パラリンピック全競技 ①

陸上競技
自転車競技
スケートボード ほか

屋外競技・複合競技

監修 日本オリンピック・アカデミー

オリンピック・パラリンピック全競技 ①

ルールと見どころ！

陸上競技 自転車競技 スケートボードほか　屋外競技・複合競技

目次

陸上競技 …… 4

- 短距離 …… 6
- 中・長距離 …… 8
  - 800m／1500m／5000m／10000m …… 8
  - 3000m障害 …… 9
- ハードル …… 10
- リレー …… 12
- ロード …… 14
- 跳躍 …… 16
  - 走り高跳び …… 16
  - 棒高跳び …… 17
  - 走り幅跳び …… 18
  - 三段跳び …… 19
- 投てき …… 20
  - 砲丸投げ …… 20
  - ハンマー投げ …… 21
  - 円盤投げ …… 22
  - やり投げ …… 23
- 混成 …… 24

自転車競技 …… 26

- トラック競技 …… 27
  - スプリント …… 27
  - チームスプリント …… 28
  - ケイリン …… 29
  - オムニアム …… 30
  - チームパシュート …… 31
  - マディソン …… 32
- ロード競技 …… 33
  - ロードレース …… 33
  - 個人タイムトライアル …… 34
- マウンテンバイク …… 35
  - クロスカントリー …… 35

BMX ……………………………………………… 36
　レーシング……………………………………… 36
　フリースタイル・パーク……………………… 37

馬術 …… 38

　馬場馬術 ………………………………………… 39
　障害馬術 ………………………………………… 40
　総合馬術 ………………………………………… 41

スケートボード …… 42

　ストリート ……………………………………… 44
　パーク …………………………………………… 46

近代五種 …… 48

こんなものもあった！なくなってしまった競技・種目 ……………………………… 52
さくいん ……………………………………………………………………………………… 54

この本の使い方

どんな競技？
その競技がどんな競技なのかを説明します。

競技の歴史
その競技がオリンピックで、いつごろからはじまり、どのようにおこなわれてきたかを説明します。

競技場
競技をおこなう場所を説明します。

種目
その競技でおこなう種目の一覧です。〔男女〕は男子と女子にそれぞれある種目、〔男女混合〕は男子と女子がチームをつくっておこなう種目、〔男女共通〕は男子と女子の区別なくおこなわれる種目をあらわしています。

ルール
競技や種目ごとのおもなルールを説明します。

競技の進み方
その競技、種目の順位がきまるまで、どのように進行するかを説明します。

観戦のときに注目したい点をとりあげて紹介します。

豆知識
その競技や種目についての、知っておくとおもしろい話を紹介します。

※この本に出ている情報は基本的に2019年7月時点のものです。ルールや競技の進み方など変更される可能性があります。

陸上競技

陸上競技

走る、跳ぶ、投げるなど、人間のからだの能力をきそうスポーツ。
ほかの選手に勝つだけでなく、記録にいどむ選手のたたかいに注目しよう。

▲短い距離を一気に走る100m。

❓ どんな競技？

大きく3つの種類の競技にわけられる。それぞれ、タイムや距離、高さで順位がきまる。個人の種目が多いが、リレーだけがチームでおこなわれる。

トラック競技……トラック内で走る速さをきそう。
フィールド競技……跳ぶ高さや距離をきそう「跳躍」と、投げる飛距離をきそう「投てき」がある。
ロード競技……競技場の外の一般の道を使ってレースをおこないタイムをきそう。マラソンと競歩がある。

▲いきおいをつけてバーを跳ぶ走り高跳び。

競技の歴史

陸上競技の歴史は古く、第1回の1896年アテネ大会では、100m、400m、800m、1500m、110mハードル、マラソン、走り高跳び、棒高跳び、走り幅跳び、三段跳び、砲丸投げ、円盤投げがおこなわれている（男子のみ）。オリンピックでもっとも人気のある競技の1つだ。

▲1896年アテネ大会の100m。当時は立ったままスタートする選手が多かった。

競技場

陸上競技場には、おもにトラックとよばれる1周400mのだ円形のコースと、その内側・外側のフィールドという場所がある。競技によって、使う場所はわけられている。

ロード競技のマラソンや競歩は一般の道路を使う。ただし、ゴールなどは競技場内に設置されることが多い。

ロード

フィールド

三段跳びや走り高跳びなどの跳躍と、やり投げや砲丸投げなどの投てきがおこなわれる。

走り幅跳び／三段跳び
やり投げ
棒高跳び
砲丸投げ
走り高跳び
フィニッシュライン
円盤投げ／ハンマー投げ
マラソン／競歩の出入口

トラック

短距離、長距離、リレーなどの走る競技がおこなわれる。

 1896年アテネ大会のトラック競技は、今とは逆の右まわりでおこなわれていた。これはイギリス式のルールで、左まわりになったのは、1908年ロンドン大会から。

陸上競技

短距離

種目 [男女] 100m / 200m / 400m

短い距離をいかに速くかけぬけるかをきそうレース。100mの世界記録は、男子は9秒台、女子は10秒台。男子の場合、レース中の最高速度は時速40kmをこえ、1秒間に最長で12mも進む。

▲男子100mのスタート後のようす。

ルール

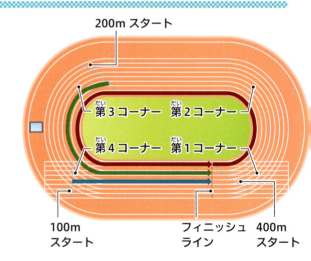

選手が1人ずつきめられたコースを走るセパレートレーンでおこなわれる。スタートは、両手を地面につけるクラウチングスタート。100mは直線コースだが、200mと400mにはコーナーがあるため、スピードをおとさず走りぬけるのがポイント。400mは速さだけでなくスタミナも重要だ。8つのレーンでおこなわれ、予選では自己ベスト（その選手がそれまでに出した記録でいちばんよい記録）、準決勝以降は前のレースのタイムの速い選手が中央の4つのレーンを走る。

競技の進み方

予選、準決勝、決勝がおこなわれ、勝ち進むには順位が優先される。予選が4組ある場合、それぞれの組の3着までが準決勝に進み（12人）、4着以降はタイムのよい順に4人が進む（合計16人）。順位優先のため、自分が1着と思った選手は、決勝までの体力をのこすため、スピードをおとしてフィニッシュすることが多い。決勝は通常8人でどの選手も全力で走る。

豆知識　短距離では「位置について（On your marks）」→「よーい（Set）」→「号砲」でスタートするが、中・長距離では「よーい（Set）」がなく、「位置について（On your marks）」→「号砲」でスタートする。

💬 ここが見どころ!

100m

⬇ スタートが重要
フライングは1回で失格になるため注意。距離が短いのでいかに早くスタートできるかがポイント。

♪ 加速に注目
ぐんぐん加速し、50mをすぎたあたりからトップスピードにのる。

⬆ 強い全身の筋力
短距離選手は細めの長距離選手とちがって、がっしりとした筋肉質。

⬆ フィニッシュで勝負がきまる
フィニッシュタイムは、頭や手足ではなく胸や肩ではかる。100分の1秒というわずかな差に注目。100mでは10cmの差が約100分の1秒だ。

200m

➡ 第3コーナーからスタート
前半にコーナーを走る。走りが外へふくらまないよう、からだを内側にかたむけて走る。

⬅ コーナーをぬけると直線
100mと同じ直線を走る。さらに加速できるかがポイントだ。世界記録は、男子は19秒台で、女子は20秒台になっている。

400m

➡ コーナーの走り
コーナーの走り方は、200mとほぼ同じだが、トラックを1周する分、コーナーの割合も多く、より重要になってくる。

➡ 中盤からの加速
選手たちは中盤までスピードをおさえ、後半からピッチ(足の回転数)を上げ、第4コーナー以降は全力で走る。スタミナがのこっている選手が前の選手を追いぬくラストに注目だ。世界記録は、男子は43秒台で、女子は47秒台。

陸上競技

中・長距離

種目 [男女] 800m／1500m／5000m／10000m／3000m障害

オープンレーンを何周も走る競技。短距離とはことなり、中・長距離では速いスピードで走りつづける力やスタミナが必要になる。ラストスパートの加速も重要。選手どうしがぶつかったり、転倒したりすることもある。

800m／1500m／5000m／10000m

ルール

800m、1500mを中距離、5000m、10000mを長距離とすることが多い。レースは走るコースが選手別にきめられていないオープンレーンでおこなわれるが、800mのみスタートはセパレートレーンで、第2コーナーをすぎたところからオープンレーンになる。スタートは立ったままのスタンディングスタートで、選手がトラックを回る数をまちがえないように、最後の1周で鐘が鳴らされる。

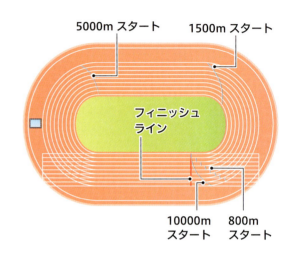

5000mスタート／1500mスタート／フィニッシュライン／10000mスタート／800mスタート

競技の進み方

800mと1500mは予選、準決勝、決勝（800mは8人、1500mは最大15人）がおこなわれる。

5000mは予選と決勝（16人前後）、10000mは決勝だけ（30人前後）がおこなわれる。

ここが見どころ！

● しれつなポジションあらそい
自分に合った位置やペースで走るため、しれつなポジションあらそいがおこなわれる。選手どうしの距離も近くなり、からだがぶつかったり、シューズをふまれたりして転倒することもある。

● 持久力が重要
中距離では速いスタートや加速も必要だが、長距離でとくに重要なのが持久力。エネルギーをむだ使いしない走り方が大事だ。

● 選手のタイプを知っておこう
スタート直後から先頭でレースを引っぱるタイプ、先頭にぴったりついていくタイプ、集団の後方を走り、終盤で追いあげるタイプなど、さまざまなタイプの選手がいる。

● ラスト1周に注目
ラスト1周で順位が大きく変わる。スパートした選手がフィニッシュまでもたなかったり、うしろにいた選手が何人もぬいたりする。

3000m障害

ルール

ハードルを横に大きくしたような5つの障害物を跳びこえながら、トラックを7周あまり走って順位をきそう。障害物はたおれないため、跳びこえても、足で乗ってこえてもいい。5つのうち1つの障害物の直後には水をためた水濠があるが、跳びこえても、水のなかに足をついてもよい。障害物の高さは、男子が91.4cm、女子が76.2cmで、水濠の長さは、3.66m、深さはもっとも深いところで70cmになる。レーンはオープンだ。

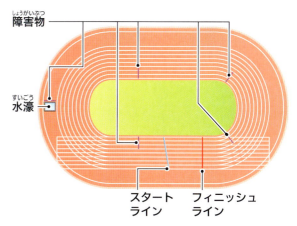

競技の進み方

予選と決勝（最大15人）がおこなわれる。決勝進出はタイムではなく予選各組の順位が優先。

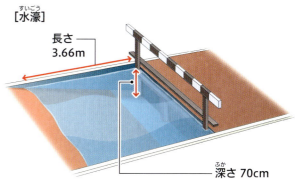

[水濠]
長さ 3.66m
深さ 70cm

ここが見どころ！

スピードをおとさずに障害物をこえる
障害物はたおれないようになっているため、足を引っかけて転倒することもある。スピードをおとさないようにして、上手にこえるのがポイント。

水濠では転倒に注意
水濠は跳びこえてもよいが、疲れてくると跳べなくなる。水濠でころんでからだがぬれると、体力がうばわれスピードもおちてしまう。

持久力が重要
勝つためには、障害物をこえるときのジャンプ力のほか、3000mを走りきるための持久力も必要。体力を使いきってフィニッシュする選手たちの、かこくなたたかいに注目しよう。

陸上競技

ハードル

種目 [女子]100mハードル　[男子]110mハードル
　　 [男女]400mハードル

同じ間かくにおかれたハードルをこえながら走り、順位をきそう。短距離やリレーの選手がハードル種目をかねることもある。スピードをおとさずにハードルをこえることができるかがポイントだ。

▲直線にならんだハードルをリズミカルに跳びこす。

ルール

女子100mハードルと男子110mハードルは、ともにハードルの数は10台あり、高さは女子83.8cm、男子106.7cm。コースは直線で、ハードルとハードルのあいだは何歩で走ってもよいが、通常は3歩。ほとんどの選手が左右のどちらの足でふみきるかをきめている。

男女400mハードルはトラックを1周するが、こちらもハードルの数は10台で、ハードルの高さは女子76.2cm、男子91.4cm。100m・110mハードルより少し低い。

レーンはすべてセパレート。ハードルはわざとでなければたおしてもよいが、ハードルの外を通ると反則になる。

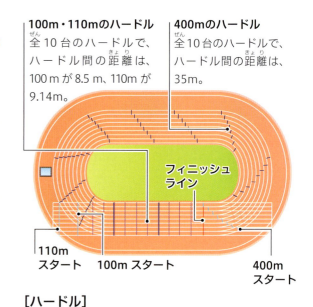

100m・110mのハードル
全10台のハードルで、ハードル間の距離は、100mが8.5m、110mが9.14m。

400mのハードル
全10台のハードルで、ハードル間の距離は、35m。

競技の進み方

オリンピックでは、予選、準決勝、決勝（8人）がおこなわれる。勝ち進むための条件は、タイムではなく各組の順位が優先。予選や準決勝では上位を確信した選手は、フィニッシュの直前から流す（スピードをおとす）ことが多い。決勝はどの選手も全力で走る。

[ハードル]
高さ 76.2～106.7cm
幅 118～120cm

豆知識　ハードルをたおすと時間がよけいにかかるが、アレン・ジョンソン（アメリカ）は1996年アトランタ大会での男子110mハードルで、10台中8台のハードルをたおして優勝した。跳びこえた際に、ハードルに引っかかっても、減速しにくい走り方をしていたのである。

ここが見どころ！

100mハードル／110mハードル

ハードルは低い姿勢で跳びこえる
ハードルをたおすと、減速したり足に引っかけて転倒したりすることがある。ハードルはスピードがおちないよう、できるだけ低い姿勢で跳びこえる。

10台目のハードルから全力疾走
最後の10台目のハードルからフィニッシュラインまでは男子で約14m、女子は約10m。選手は全力で走りぬける。

400mハードル

ふみきる足と歩数が変わる!?
トラックを1周する400mハードルでは、ハードル間の歩数を変える選手が多い。前半13歩と後半14歩の場合は、ふみきる足も変わる。左右の足に注目してみよう。

最後の逆転に注目
前半にくらべて後半は、スピードがおちるため歩数がふえる。10台目のハードルをこえたところでスタミナがきれて急げきにスピードがおち、フィニッシュラインまでの40mでぬかれることもある。最後まで目がはなせない。

陸上競技

リレー

種目 [男女] 4×100mリレー／4×400mリレー
[男女混合] 4×400mリレー

4人の選手がバトンをつなぎながら走り、順位をきそう。速い選手が多いと有利ではあるが、勝敗のポイントはバトンパス。4×400mはスピードだけでなくスタミナも必要だ。2020年東京大会からは男女混合種目もおこなわれる。

▲男子4×100mリレー。第3走者から第4走者にバトンが手わたされる。

ルール

4人の選手がバトンをつなぎながら走り、順位をきそう。4×100mリレーは4人が1人100mずつ走り、バトンをつないでトラックを1周する。すべてセパレートレーンでおこなう。4×400mリレーは4人が1周ずつ走り、第1走者の1周と第2走者の第2コーナーまではセパレートレーンで、それ以降はオープンレーンになる。どちらも第1走者はクラウチングスタート、第2走者以降はスタンディングスタート。バトンは手に持って走らなければならず、おとしたときは、ひろってから走る。このとき、自分のレーンからはなれてもよいが、ひろったらもとのレーンにもどらなくてはならない。また、次の走者へのバトンパスはテークオーバーゾーンというきめられた範囲でおこなわないと失格になる。

[テークオーバーゾーン]

助走区間（10m） テークオーバーゾーン（20m）

走ってきた選手は、ここでバトンを次の選手にわたさなければならない。ただし、4×100mリレーでは、助走区間をふくめた30mの区間でバトンパスをおこなうことができる。

競技の進み方

4×100mリレー、4×400mリレーともに、予選と決勝（8組）がある。決勝進出は順位が優先となる。

▲スピードのおちないバトンパスが勝負のポイントになる。

豆知識　テークオーバーゾーンで判定されるのは選手ではなくバトンの位置。たとえば、選手のからだが出てしまっていても、のばした手がテークオーバーゾーン内にあり、その手にバトンをパスできれば失格とはならない。

> ここが見どころ！

4×100mリレー

各走者の役割を知る
第1走者はコーナーからスタートするため、スタートとコーナリングがうまい選手を配置する。第2走者は直線での加速が上手な選手、第3走者はもっともコーナリングがうまい選手、第4走者（アンカー）は最後の直線で一気にスピードを上げてフィニッシュするエース選手が選ばれる。

バトンパスがカギ
2016年リオデジャネイロ大会の男子4×100mでの日本チームのように、スピードがおちないバトンパスをすればタイムを大幅に短縮でき、世界の強豪に勝つことができる。

4×400mリレー

オープンレーンのポジションあらそい
第2走者がコーナーをぬけるとオープンレーンになる。それ以降の、はげしいポジションあらそいが見もの。

オープンレーンでのバトンパスに注意
パスを終えた選手と走りだしたうしろの別チームの選手がぶつかり、バトンをおとすことがある。

2種類のバトンパス

4×100mで多くのチームがおこなっているバトンパスは「オーバーハンドパス」。手を高い位置にしてバトンをわたす方法で、2人の選手が手をのばしてわたすため、その分の距離をかせぐことができる。一方、2016年リオデジャネイロ大会で銀メダルを獲得した日本チームがおこなったのは「アンダーハンドパス」。下から上に向かってわたす方法で、選手どうしの距離が近くなるので、あまり距離はかせげないが、走るフォームをくずさなくてすむため、バトンパスのときにスピードがおちにくい。

オーバーハンドパス

受けとる選手が手を肩くらいの高さまで上げてのばし、わたす選手も手をのばしながら相手のてのひらにバトンを押しつける。

アンダーハンドパス

受けとる選手が手を低い位置で下に向けて開き、わたす選手はそこへ下からバトンを押しつける。

陸上競技

▲ロードでは、コースにそってたくさんの観客がつめかける。

ロード

[男女] マラソン／20km競歩
[男子] 50km競歩

競技場の外の道路でおこなわれるロード競技。マラソンと競歩がある。距離の長さだけでなく、天気や道の状態も勝敗に影響する。とくにオリンピックは真夏におこなわれることが多いため、選手は高い気温・湿度のなか、かこくなレースをおこなう。

ルール

マラソンの距離は42.195km。きびしいルールはないが、走っている選手にコーチなどがふれると失格になる。コースをまちがった場合も失格だ。

競歩の距離は20kmと50km。「歩く」速さをきそうため、走ってはいけない。反則には、「ロス・オブ・コンタクト」と「ベント・ニー」という2種類があり、審判員がチェックする。1人の選手に対して3人以上の審判員からレッドカードが出されると、その選手は失格になる。

競技の進め方

マラソン、競歩ともに、予選はおこなわれない。レースは1回だけになる。

[競歩の歩き方]

どちらかの足が地面に接していなければならない。両方の足が同時に地面からはなれるとロス・オブ・コンタクトという反則となる。

前の足のかかとが、地面についた瞬間から選手のからだの真下（垂直）の位置にくるまで、ひざがのびていなくてはいけない。ひざが曲がるとベント・ニーという反則になる。

豆知識　給水所で飲むドリンクの中身は選手によってことなる。スポーツドリンクや、ハチミツと塩をまぜた水、ただの水などさまざまで、これは選手やコーチ、トレーナーが考える。

ここが見どころ！ マラソン

🚩 暑さと湿度とのたたかい
真夏におこなわれるオリンピックでは、暑さと湿度が選手を苦しめる。強い風や雨も選手の敵だ。

🚩 路面の状態とのたたかい
42.195kmと距離が長いだけではなく、坂やコーナー、路面の状態などともたたかう必要がある。

🚩 水分補給を見のがすな
しっかりとドリンクをとれるか注目しよう。選手が確実にとれるように、はでな色、つかみやすいかたちのボトルにすることも必要だ。アクシデントがおこりやすい場所でもある。

🚩 ラップタイムに注目
マラソン1kmの平均タイムは、男子で3分〜3分10秒、女子は3分20〜30秒。これを上回れば上位に食いこむことができる。

🚩 どこでスパートするか、見のがせない
監督と選手は、どこでスパートするかなどの作戦をたてる。30kmをすぎたあたりから一気にペースを上げる選手が出てくるため、目がはなせない。

競歩

🚩 暑さや路面とのたたかい
競歩もマラソン同様、相手選手、自分の記録、気象条件や路面の状態とたたかわなくてはならない。

🚩 意外な速さに注目
「歩く」といっても競歩のスピードは意外に速い。男子50kmの世界記録は、3時間32分33秒。マラソンのフィニッシュの42.195km地点では、ほぼ3時間の記録だ。このタイムを「歩いて」記録してしまうのが競歩。

🚩 ルールとのたたかい
「走ってはいけない」というきびしいルールともたたかわなくてはいけないのが競歩選手だ。

陸上競技

跳躍

トラックの内側や外側のフィールドでおこなわれる「跳躍」。跳んだ高さをきそう走高跳びと棒高跳び、跳んだ距離をきそう走り幅跳びと三段跳びの4種目がある。4種目とも1回ごとの跳躍を試技という。

種目 [男女]走り高跳び／棒高跳び／走り幅跳び／三段跳び

走り高跳び

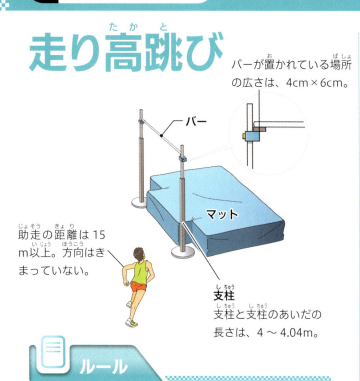

バーが置かれている場所の広さは、4cm×6cm。
助走の距離は15m以上。方向はきまっていない。
支柱と支柱のあいだの長さは、4〜4.04m。

ルール

助走をつけてバーをおとさないように跳びこえ、その高さをきそう。ふみ切りは片足でおこなう。選手が4人以上の場合、1人60秒以内に試技をおこなわなくてはならない。

同じ高さのバーに3回挑戦することができ、そのうち1回成功すれば次の高さを跳ぶことができる。同じ高さを3回失敗すると終了。ある高さを跳ばずにパスして次の高さに挑戦することができるが、そこで3回失敗した場合、パスする前の高さがその選手の記録となる。

競技の進み方

予選通過標準記録が発表され、予選でそれをクリアした選手全員が決勝へ進める。予選通過標準記録をクリアした選手の数が12人に満たない場合は、予選の上位12人が決勝に進む。同じ高さをクリアした選手が複数いる場合は、試技の数の少ない選手が上位になる。

ここが見どころ!

自分の身長より高く跳ぶ
世界記録は男子が2m50近く、女子は2m10近くまで跳ぶ。日本記録は男子が2m30台、女子は1m90台。自分の身長よりはるかに高いバーをクリアする跳躍力に注目しよう。

跳ぶタイミングと空中姿勢に注目
助走のスピードは十分か、タイミングよく力強いふみ切りができたか、バーをこえるときの空中姿勢はどうか、うまく足をぬくことができたか、などが跳躍のポイントだ。

棒高跳び

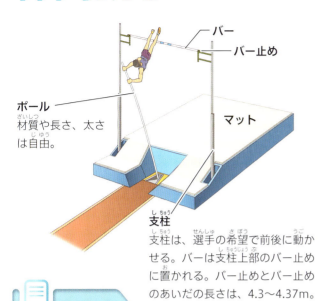

- バー
- バー止め
- ポール　材質や長さ、太さは自由。
- マット
- 支柱

支柱は、選手の希望で前後に動かせる。バーは支柱上部のバー止めに置かれる。バー止めとバー止めのあいだの長さは、4.3〜4.37m。

ルール

ポール（棒）を使ってバーをおとさないように跳びこえ、その高さをきそう。ポールの長さより高く跳んでもかまわない。ただし、選手がバーにふれなくても、たおれてきたポールがバーをおとすと、その試技は失敗となる。

同じ高さのバーに3回挑戦することができ、そのうち1回成功すれば次の高さを跳ぶことができる。同じ高さを3回失敗すると終了。ある高さを跳ばずにパスして次の高さに挑戦することができるが、そこで3回失敗した場合、パスする前の高さがその選手の記録になる。

競技の進み方

予選通過標準記録が発表され、予選でそれをクリアした選手全員が決勝へ進める。予選通過標準記録をクリアした選手の数が12人に満たない場合は、予選の上位12人が決勝に進む。同じ高さをクリアした選手が複数いる場合は、試技の数の少ない選手が上位になる。

◀2016年リオデジャネイロ大会で、6.03mのオリンピック新記録を出して金メダルをとった男子のチアゴブラス・ダシルバ（ブラジル）。

ここが見どころ！

➡挑戦する選手と「パス」に注目

トップクラスの選手は、ある程度の高さまでは「パス」をして体力をのこしておき、より高いバーに挑戦することがある。そこで3回つづけて失敗すると記録がのこらず表彰台にも上がれなくなるが、どの選手がリスクをおかしたチャレンジをするかに注目だ。

⬆ダイナミックな跳躍

しなるポールの力をかりて、人間が空高く舞いあがるダイナミックさが魅力。男子棒高跳びの世界記録は6mを、女子は5mをこえている。

豆知識

以前のポールは木や竹でできていた。1964年東京大会のころに、しなるグラスファイバー製のポールが登場して記録がのびた。現在はガラス繊維や炭素繊維を用いた強化プラスチック製で、長さは5m前後。

陸上競技

走り幅跳び

ルール

助走をつけてふみ切り、跳んだ距離をきそう。ふみ切り板の上か手前からふみ切らなくてはならないが、ふみ切り板を少しでもこえるとファウル（失敗）になる。跳び方、空中姿勢は原則として自由だが、宙返りなどの危険な跳び方は禁止。跳んだ距離は、ふみ切り板の先端から、砂場に着地した選手の跡のうちでもっともふみ切り板に近いところまでを測る。

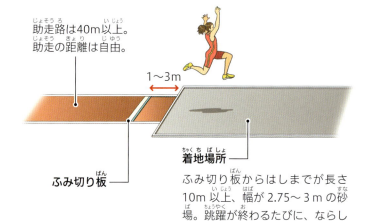

助走路は40m以上。助走の距離は自由。

1〜3m

着地場所

ふみ切り板

ふみ切り板からはしまでが長さ10m以上、幅が2.75〜3mの砂場。跳躍が終わるたびに、ならしてたいらにする。

競技の進み方

予選通過標準記録が発表され、予選でそれをクリアした選手全員が決勝へ進める。試技は3回。予選通過標準記録をクリアした選手が12人に満たない場合は、予選の上位12人が決勝に進む。決勝では3回の試技ののち、上位8人がさらに3回ずつ試技をおこない、その選手のいちばんよい記録で順位をきそう。

▲着地点には目安になるように距離をしめす数字が書かれている。

ここが見どころ！

空中姿勢に注目
からだを反らす反り跳び（左写真）、空中で足を回転させるはさみ跳び（右写真）などの跳び方がある。どのような空中姿勢が距離をのばせるか注目しよう。

ふみ切りの瞬間の足に注意
どんなに長い距離を跳んでも、ふみ切りの足が少しでもふみ切り板から出ていたらファウルになる。速い助走は必要だが、ちょうどよい位置でふみ切れるかがポイントだ。

三段跳び

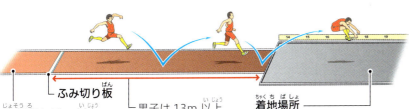

- ふみ切り板
- 助走路は40m以上。助走の距離は自由。
- 男子は13m以上、女子は11m以上。
- 着地場所
- ふみ切り板からはしまでが長さ21m以上、幅が2.75〜3mの砂場。跳躍が終わるたびに、ならしてたいらにする。

▲空中では腕を使ってバランスをとる。3つのジャンプの跳ぶ距離の割合は選手によってちがう。

ルール

助走をつけて3回つづけて跳び、跳んだ距離をきそう。1回の跳躍には、ホップ、ステップ、ジャンプの3回のジャンプがある。ホップでふみ切ったのと同じ足でステップし、ジャンプは反対の足でおこなう。ふみ切り板の上か手前からふみ切り、跳んだ距離は、ふみ切り板の先端から、砂場に着地した選手の跡のうちでもっともふみ切り板に近いところまでを測る。ふみ切り板を少しでもこえるとファウル（失敗）になる。

競技の進み方

予選通過標準記録が発表され、予選でそれをクリアした選手全員が決勝へ進める。試技は3回。予選通過標準記録をクリアした選手が12人に満たない場合は、予選の上位12人が決勝に進む。決勝では3回の試技ののち、上位8人がさらに3回ずつ試技をおこない、その選手のいちばんよい記録で順位をきそう。

ここが見どころ！

たった3歩で跳べる距離
男子の世界記録は18m台、女子は15m台となっている。たった3歩でどこまで跳べるかに注目しよう。1歩が平均5〜6mだ。

ふみ切りの瞬間の足に注意
どんなに長い距離を跳んでも、ふみ切りの足が少しでもふみ切り板から出ていたらファウルになる。速い助走は必要だが、ちょうどよい位置でふみ切れるかがポイントだ。

 日本のオリンピック初の金メダルは、1928年アムステルダム大会の三段跳びの織田幹雄。次の1932年ロサンゼルス大会では南部忠平、1936年ベルリン大会では田島直人と、かつて三段跳びでは、日本が3連覇をなしとげている。

陸上競技

投てき

トラックの内側のフィールドでおこなわれる「投てき」。円形のサークルのなかから回転して投げる砲丸投げ、ハンマー投げ、円盤投げ、投てきのなかで1つだけ助走のあるやり投げの4種目がある。4種目とも1回ごとの投てきを試技という。

種目　[男女]砲丸投げ／ハンマー投げ／円盤投げ／やり投げ

砲丸投げ

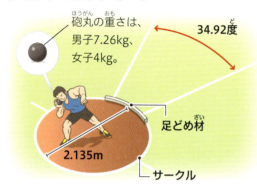

砲丸の重さは、男子7.26kg、女子4kg。
34.92度
足どめ材
2.135m
サークル

ルール

サークルのなかから金属製の砲丸を投げ、その距離をきそう。足などからだの一部がサークルの外へ出るとファウル（失敗）になる。砲丸の位置が左右の肩をむすぶ線よりうしろ（背中側）になってはならないため、野球のような投げ方もファウルだ。砲丸は34.92度の扇形の内側に投げなければならない。線の外はもちろん、線上におちてもファウルとなる。

競技の進み方

予選通過標準記録が発表され、予選でそれをクリアした選手全員が決勝へ進める。試技は3回。予選通過標準記録をクリアした選手の数が12人に満たない場合は、予選の上位12人が決勝に進む。決勝では3回の試技ののち、上位8人がさらに3回ずつ試技をおこなって、その選手のいちばんよい記録で順位をきそう。

▲砲丸は腕と肩の筋肉を力強く使って、投げる。砲丸が飛ぶスピードは時速約50kmにもなる。

ここが見どころ！

投げ方に注目
砲丸はからだのうしろへもっていってはいけないルールがあるため、首のあたりから押しだすようにして投げる。

パワフルな選手
筋肉質でからだの大きな選手が重い砲丸を投げるときは、とくに迫力がある。

重い砲丸が20m以上も飛ぶ
男子の砲丸の7.26kgは、大きなスイカより重いくらい。女子の4kgは2Lのペットボトル2本分になる。

ハンマー投げ

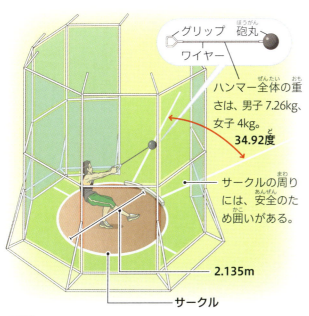

ハンマー全体の重さは、男子7.26kg、女子4kg。

サークルの周りには、安全のため囲いがある。

2.135m

サークル

ルール

砲丸をワイヤーとグリップにつなげたハンマーをサークルのなかから投げ、その距離をきそう。足などからだの一部がサークルの外へ出るとファウル（失敗）。ハンマーは、34.92度の扇形の内側に投げなければならない。線の外はもちろん、線上におちてもファウルとなる。

競技の進み方

予選通過標準記録が発表され、予選でそれをクリアした選手全員が決勝へ進める。試技は3回。予選通過標準記録をクリアした選手の数が12人に満たない場合は、予選の上位12人が決勝に進む。決勝では3回の試技ののち、上位8人がさらに3回ずつ試技をおこなって、その選手のいちばんよい記録で順位をきそう。

▲選手は、直径2.135mのサークルのなかでからだを回転させて投げる。

ここが見どころ！

↓→ 回転の速度とハンマーを放り投げる角度が重要

サークル内で回転しながら、その遠心力を利用してハンマーを投げる。ハンマーを遠くに飛ばすには、回転の速度とハンマーを放り投げる角度（上下の角度）が重要だ。

→ 気迫に注目

投げる一瞬に選手がみせる気迫はものすごい。パワーとテクニックの両方に注目しよう。

陸上競技

円盤投げ

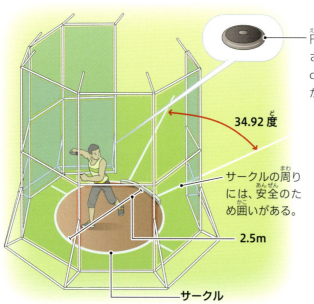

円盤の直径と重さは、男子が22cmの2kg、女子が18cmの1kg。

サークルの周りには、安全のため囲いがある。

34.92度

2.5m

サークル

▲投げるときは、上半身をひねり、円盤を持たないほうの手でバランスをとる。

ルール

直径2.5mのサークルのなかから円盤を投げ、その距離をきそう。足などからだの一部がサークルの外へ出るとファウル（失敗）になる。円盤は、34.92度の扇形の内側に投げなければならない。線の外だけでなく、線上におちてもファウルとなる。

競技の進み方

予選通過標準記録が発表され、予選でそれをクリアした選手全員が決勝へ進める。試技は3回。予選通過標準記録をクリアした選手の数が12人に満たない場合は、予選の上位12人が決勝に進む。決勝では3回の試技ののち、上位8人がさらに3回ずつ試技をおこなって、その選手のいちばんよい記録で順位をきそう。

ここが見どころ！

⬅ 回転の技術とパワーに注目
サークル内で2回転し、その遠心力を利用して投げる。重たい円盤をフリスビーのようにきれいに回転させながら飛ばす技術とパワーに注目だ。

➡ 風の影響
円盤は、風の影響を受けやすいが、ほかの種目とちがって、向かい風によって飛距離がのびることがある。そのため、選手はフィールド内に設置された「吹き流し」を見て風の方向や強さを確認してから試技に入る。

豆知識　紀元前、古代オリンピックでもおこなわれていた円盤投げ。現在オリンピックなどで使われている円盤は木製や強化プラスチック製で、中心と縁は金属になっている。

やり投げ

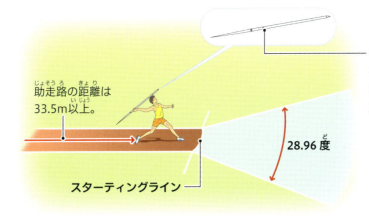

助走路の距離は33.5m以上。

スターティングライン

28.96度

やりの長さと重さは、男子が2m60〜2m70で800g、女子が2m20〜2m30で600g。

📄 ルール

助走をつけてやりを投げ、その距離をきそう。やりは片手でにぎり、上から投げる。振り回しながら投げると反則で、からだを回転させてもいけない。選手はやりを持ったまま助走路を走り、ライン手前から、角度28.96度の扇形の内側に投げる。線の外はもちろん、線上におちてもファウル（失敗）となる。また、やりの頭部が先に地面に落下しなければならない。

🏆 競技の進み方

予選通過標準記録が発表され、予選でそれを

◀やりは、地面から25〜40度の角度で投げられる。

クリアした選手全員が決勝へ進める。試技は3回。予選通過標準記録をクリアした選手の数が12人に満たない場合は、予選の上位12人が決勝に進む。決勝では3回の試技ののち、上位8人がさらに3回ずつ試技をおこなって、その選手のいちばんよい記録で順位をきそう。

➡ 助走のスピード、ステップ、投げるタイミングに注目
やり投げは投てき4種目のなかでただ1つ助走して投げる種目。助走のスピード、足のステップ、投げるタイミングがうまく合うかが、いい記録の出るポイント。

⬇ 選手の体格
スピードも求められるためがっしりとした選手が多い投てき種目のなかでは、スマートな選手が多い。

陸上競技

混成

種目
- [男子] 十種競技
- [女子] 七種競技

短距離、中・長距離、跳躍、投てきという陸上競技のすべてでトップクラスの実力をもった選手がいくつもの種目できそい、合計ポイントで最高のオールラウンダーをきめる。十種競技の勝者は「キング・オブ・アスリート」、七種競技の勝者は「クイーン・オブ・アスリート」とよばれる。

ルール

男子の十種競技と女子の七種競技は、ともに2日間かけてたたかわれる。選手は種目と種目の合間に休みをとりながら、競技をおこなう。タイムや跳んだ距離など、それぞれの記録が得点におきかえられ、合計点で順位がきまる。

[競技日程]

十種競技（男子）
[1日目]
❶ 100m
❷ 走り幅跳び
❸ 砲丸投げ
❹ 走り高跳び
❺ 400m

[2日目]
❻ 110mハードル
❼ 円盤投げ
❽ 棒高跳び
❾ やり投げ
❿ 1500m

七種競技（女子）
[1日目]
❶ 100mハードル
❷ 走り高跳び
❸ 砲丸投げ
❹ 200m

[2日目]
❺ 走り幅跳び
❻ やり投げ
❼ 800m

競技の進み方

競技はきまった順番で連続した2日間でおこなわれる。予選や準決勝はなく、競技は1回だけの勝負になる。

[十種競技（男子）]

1日目

1 100m
最初におこなう種目。1回だけ走って、タイムで得点がきまる。

2 走り幅跳び
3回試技をおこない、いちばんよい記録で得点がきまる。

3 砲丸投げ
3回試技をおこない、いちばんよい記録で得点がきまる。

4 走り高跳び
各高さ3回の試技で、1回成功で次の高さに。3回失敗した高さで得点がきまる。

5 400m
1日目最後の種目。1回だけ走って、タイムで得点がきまる。

2日目

6 110mハードル
2日目の最初におこなう種目。1回だけ走って、タイムで得点がきまる。

7 円盤投げ
3回試技をおこない、いちばんよい記録で得点がきまる。

8 棒高跳び
各高さ3回の試技で、1回成功で次の高さに。3回失敗した高さで得点がきまる。

9 やり投げ
3回試技をおこない、いちばんよい記録で得点がきまる。

10 1500m
最後におこなう種目。1回だけ走って、タイムで得点がきまる。

混成では体力を回復させるために、各種目は30分以上あいだをあけておこなわれる。また、もっとも体力を使う1500m（十種競技）と800m（七種競技）は、最後の種目になっている。

[七種競技（女子）]

1日目

1 100mハードル
最初におこなう種目。1回だけ走って、タイムで得点がきまる。

2 走り高跳び
各高さ3回の試技で、1回成功で次の高さに。3回失敗した高さで得点がきまる。

3 砲丸投げ
3回試技をおこない、いちばんよい記録で得点がきまる。

4 200m
1日目最後の種目。1回だけ走って、タイムで得点がきまる。

2日目

5 走り幅跳び
2日目の最初におこなう種目。3回試技をおこない、いちばんよい記録で得点がきまる。

6 やり投げ
3回試技をおこない、いちばんよい記録で得点がきまる。

7 800m
最後におこなう種目。1回だけ走って、タイムで得点がきまる。

ここが見どころ！

最終種目後の選手たち
注目は最後におこなわれる十種競技の1500mと七種競技の800m。最終順位がきまるだけでなく、2日間のかこくなたたかいの最終種目で、しかも体力をいちばん消もうする種目。フィニッシュ後には、選手たちがたがいに健闘をたたえあい、感動的なシーンが見られる。

選手ごとに得意・不得意な種目がある
短距離、中・長距離（上写真）、跳躍、投てき（左写真）は、それぞれに使う筋肉やトレーニング方法がちがうため、すべてでトップに立つのはむずかしい。選手は得意な種目に集中したり、不得意な種目では力をぬいて体力をのこしたりするなど、計画を立てて試合にのぞむ。

自転車競技

自転車競技

自転車に乗ってさまざまなコースを走り、速さや技術などをきそう。
スピード感やダイナミックさなど、種目により見どころはいろいろ。

▲一般の道路を走るロード競技。

❓ どんな競技？

自転車競技は、大きく4つの種類の競技にわけられる。それぞれ、コースだけでなく自転車のかたちや順位づけの方法がちがう。
トラック競技……すり鉢のような傾斜がついたトラックを周回して速さやポイントをきそう。
ロード競技……一般の道路でおこなわれ、きめられた距離（長距離）を走り、速さをきそう。
マウンテンバイク……未舗装のきふくのあるコースで、きめられた距離を走り、速さをきそう。
BMX……人工的につくられた変化にとんだコースを走り、速さや技術をきそう。

📖 競技の歴史

1896年第1回アテネ大会から現在まで、とぎれなく実施されている数少ない競技のひとつで、最初はトラック競技とロード競技だけだったが1996年アトランタ大会でマウンテンバイクが、2008年北京大会でBMXがくわわった。

🚩 競技場

競技によっておこなう場所はちがう。自転車も競技する場所に適したものになっている。

トラック競技
すり鉢のような傾斜がついたトラックでおこなう。ブレーキや変速機のない自転車が使われる。

ロード競技
舗装された道路でおこなう。長い距離を走るため、全種目のうちでもっとも軽い自転車が使われる。

マウンテンバイク
未舗装のきふくのあるコースでおこなう。あれた道を走るため、じょうぶな自転車が使われる。

BMX
ジャンプ台などがあるコースでおこなう。太めのタイヤをもつ小型の自転車が使われる。

トラック競技

[男女] スプリント／チームスプリント／ケイリン／チームパシュート／オムニアム／マディソン

屋内の、すり鉢状の傾斜がついただ円形のトラックを使い、種目によってさまざまな方法で速さをきそう。2020年東京大会では、以前おこなわれていたマディソンが再開される。

スプリント

ルール

トラック3周を走りゴールの着順で順位がきまる。トラック種目のなかでもっともシンプルな競技といえる。

競技の進み方

予選は1人ずつ順番にトラックを3周し、最後の200mのタイムをはかる。タイムで順位がきまり上位16人の選手がトーナメント式の本戦へ進む。トーナメント式の本戦ではトラック3周を2～3人ずつで走り、先にフィニッシュした選手が次に進む。これをくりかえして、最後の決勝は2人で1・2位をあらそう。

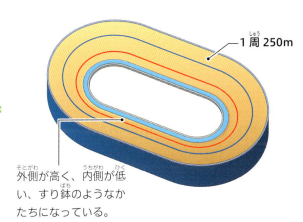
1周 250m
外側が高く、内側が低い、すり鉢のようなかたちになっている。

▲3周目は斜度のついたコースを一気に走る。

ここが見どころ！

← トラックの傾斜を利用したスパート
スパートをかけるときは、トラックの高い位置から一気に傾斜をかけおりてタイムをちぢめる。そのスピード感ある走りは、とても迫力がある。

→ かけひきからのラストスパート
とちゅうまでは、2選手がゆっくりとかけひき。レース終盤に一気に速度を上げ、先頭あらそいがきおこる。タイミングを見ながら、一気に爆発的なスピードでスパートして勝負がつくラストに注目だ。

豆知識
トラック競技に使われる自転車はトラックレーサーやピストレーサーとよばれる。スピードを出すために、軽量化されているのが特ちょうだが、ブレーキがないため、一般の道路を走ることはできない。

自転車競技

チームスプリント

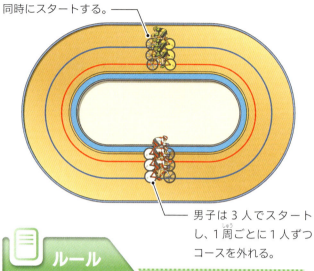

相手チームは、トラックの反対側の位置から、同時にスタートする。

男子は3人でスタートし、1周ごとに1人ずつコースを外れる。

📄 ルール

男子は3人、女子は2人がチームとなる。レースでは、2チームがトラックの反対側からスタート。男子は3周、女子は2周し、1周ごとに先頭の1人が外れ、2番目の選手が先頭になる。最終の周は1人だけが走り、フィニッシュのタイムであらそわれる。

競技の進み方

予選で全部のチームが走りおえたら、タイム順で8チームが1回戦に進出。1回戦は2チームずつ4組がおこなわれ、勝ったほうのチームのタイム順で1位と2位のチームで決勝、3位と4位のチームで3位決定戦がおこなわれる。

▲男子はチーム3人が横ならびになってスタートする。

ここが見どころ！

最終選手のスパート
うしろで体力を温存し、最後に先頭になった選手のスパートがすごい。チームの力を合わせて1人では出せないようなタイムをたたき出す。

1周ごとに先頭の選手がかわる
空気抵抗で負担がかかる先頭がかわり、新たに先頭になった選手の意気込みに注目だ。

ケイリン

▶横ならびでおこなわれるケイリンのスタート。

ルール

3～7人の選手がいっせいにスタートして、1500mを走って一気にフィニッシュをめざす。とちゅうまではペーサー（先頭誘導車）が先頭になって風よけになる。順位はフィニッシュした順できまる。

レースの最初のほうは、時速30kmほどの速さで進むが、進むにしたがって時速50kmまでスピードアップ。のこり3周でペーサーが外れると、はげしい順位あらそいが展開される。

◀のこりが3周になるまで、ペーサーを先頭に各選手がつづく。

競技の進み方

予選、敗者復活戦をへて12人が準決勝に進む。準決勝は6人ずつ2組であらそわれ、上位3人ずつ6人が決勝へ進む。

ここが見どころ！

⬇ ペーサーがはずれると一気にヒートアップ

ペーサーがのこり3周でいなくなると、それまでおさえられていたスピードがあがり、レースが一気にヒートアップ。はげしい順位あらそいがはじまる。

⬇ フィニッシュの瞬間

フィニッシュ時の時速は70kmにもなる。そのいきおいで選手たちがそろってフィニッシュするようすは、すごい迫力だ。

豆知識

ケイリンは、日本でおこなわれている「競輪」がもとになっている。ただし、競輪とは、競技場の大きさ（競輪は多くの場合1周400m）やトラックの材質（競輪はコンクリート製）のほか、細かなルールがちがう。

自転車競技

オムニアム

📋 ルール

次の順番で1人が1日に4種類のレースを走り、合計ポイントをきそう。

①スクラッチ……多数の選手がいっせいにスタート。最長10kmの距離を走り、着順で獲得ポイントがきまる。

②テンポレース……最長10kmの距離を走り、周回ごとに先頭の選手にポイントが入る。オリンピックでおこなわれるのは2020年東京大会が最初。

③エリミネーション……1周または2周ごとに最下位の選手が脱落し、最後は2人であらそう。脱落した順番で最下位から順位がつけられ、獲得ポイントがきまる。

④ポイントレース……通過ポイントを獲得しながら最長25kmの距離を走る。通過ポイントは10周ごと、2kmごとなどで獲得できる。通過順位で1位5点、2位3点、3位2点、4位1点、5位以下は0点。周回おくれをぬくとプラス20点、周回おくれになるとマイナス20点になる。

🏆 競技の進み方

予選はなく各1度のレースで順位をきめる。

スクラッチ

ここが見どころ！

➡ **周回おくれ**
周回おくれになった選手は、その時点でレースからはずされてしまう。まさに「弱肉強食」のレース。

テンポレース

⬆ **周回ごとの先頭あらそい**
先頭にたたなくてはポイントがもらえない。はげしい先頭あらそいから目がはなせない。ペース配分の戦略にも注目。

エリミネーション

👉 **しれつな最下位あらそい**
周回ごとにへっていく選手たち。しれつなたたかいに勝ちのこり最後の2人になるとデッドヒートがくりひろげられる。

ポイントレース

➡ **とちゅうの順位**
とちゅうの周回でえられる通過ポイントは、スタート（フィニッシュ）ラインを通過する順位できまる。はげしい順位あらそいに注目だ。

豆知識 オムニアムは男子が2007年、女子は2009年から実施されたばかりの競技。そのため、しばしばルールの変更があり、2016年秋までは、現在のテンポレースのかわりにパシュート、タイムトライアル、フライングラップの全6種目を2日間でおこなっていた。

チームパシュート

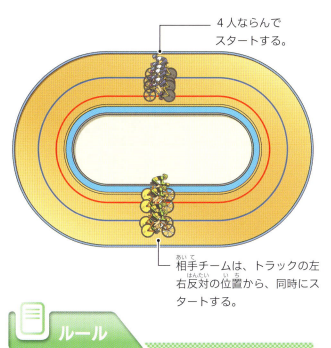

- 4人ならんでスタートする。
- 相手チームは、トラックの左右反対の位置から、同時にスタートする。

ルール

4人1組の2チームがトラックの反対側から同時にスタート。4000mを走りタイムをきそう。

1チームの4人は、先頭の1人だけが空気抵抗で体力を消もうするのをさけ、全員でよいタイムをめざすため、先頭を交代しながら走る。タイムは3番目の選手のフィニッシュではかる。

競技の進み方

予選で全部のチームが走りおえたら、タイム順で8チームが1回戦に進出。1回戦は2チームずつ4組がおこなわれ、勝ったほうのチームのタイム順で、1位と2位のチームで決勝、3位と4位のチームで3位決定戦がおこなわれる。

◀ 先頭を交代するときは、先頭の選手がコースを大きく外にはずれて、最後尾につく。

ここが見どころ！

→ チームワーク
1人だけ速くても勝てない。先頭の交代など4人でたすけあうチームワークが重要。

→ 先頭に注目
各チームのエースは先頭を多く走る。エースとなる選手がどれだけ多く、スピードをおとさず走れるかが勝負の重要なポイント。

自転車競技

マディソン

待機している選手は外側をゆっくり走っている。

同じチームの選手にふれることで交代する。

ルール

2人1組のペアで、レース中に交代しながらどちらか1人が走る。レースはトラックの下段でおこなわれ、上部は休けいの場所になり、上部の選手はゆっくりと走りながら待機する。1人の選手があるていど走ったら、それまで待機していたもう1人の選手に交代。そのとき2人のからだがふれなくてはいけないため、手をつなぎ、それまで休んでいた選手を引っぱって加速し、レースに参加させる。腰を押してもいい。最長50kmの距離であらそわれ、途中の順位で獲得したポイントの合計で順位がきまる。

競技の進み方

予選はなく、決勝1回のみがおこなわれる。

▲交代は何度でも好きなときにできるが、スムーズにおこなうのが重要。

ここが見どころ！

🠗 ハンドスリング
「ハンドスリング」は、高速で走る選手が走りはじめるなかまの選手と手をつないで引っぱり、自分のスピードをあたえて加速する走法。交代のときによく見られる。

🠔 複数組の選手の交代
交代の仕方はさまざま。かたまって走る選手がハンドスリングをおこなうと、自転車どうしがぶつかりそうになり、とてもスリルがある。

ロード競技

一般の道路を使って、自転車で長距離を走り着順やタイムをきそう。陸上競技のマラソンのような競技だ。

種目 [男女] ロードレース／個人タイムトライアル

▲2016年リオデジャネイロ大会でおこなわれた女子ロードレースでは、68人が参加した。

ロードレース

ルール

選手全員がいっせいにスタートして一般の道路を走る。男子は200km以上、女子は100km以上の長い距離を走って、ゴールの着順をきそう。

個人の順位をあらそうが、1つの国から何人もの選手が出場してチームを組み、1人のエースをほかのなかまがサポートするなどしてたたかう。レース時間が長いため、レース中に食事をしたり、自転車から降りたりしても失格にはならない。男子は200km以上を5～6時間台で走り、女子は100km以上を3～4時間台で走る。

競技の進み方

予選はなく、1度のレースで順位がきまる。

ここが見どころ！

➡ チームプレー
体力を消もうさせる空気抵抗からおたがいを守りあって先頭を交代したり、エースにメダルをとらせるためにサポート役になったりと、選手の役割が割りふられている。

➡ レース終盤のデッドヒート
レースも終盤になると、個人対個人のたたかいになる。はげしいラストスパートは見どころ。最後は持久力と精神力が勝負をわける。

豆知識 ロードレースでは、長い距離を走るために、サポート用のチームカーが用意されていることが多い。チームカーには、チームの監督や自転車を修理するメカニックが乗りこんでおり、予備の自転車も積んである。

自転車競技

個人タイムトライアル

▲ゲートを1人ずつぬけてスタートし、コースに出る。

ルール

1分程度のきめられた間かくをあけて1人ずつスタートし、ゴールまでのタイムをきそう。男子は50km前後、女子は30km前後の距離で、一般の道路を走る。最初から最後までを1人で走りきるので、個人の実力が試される。また順位は着順ではなくタイムできまるので、ハイペースで走りつづけなくてはならない。ランキング上位の選手があとのスタートになり、全員が走りおえるまで順位がわからない。

競技の進み方

予選はなく、全員が1度のレースを走り、順位がきまる。

🚗 自動車なみのスピード

男子はゴールまでの50km前後を約1時間、女子は30km前後を約45分で走りきる。自転車とはいえ、平均時速50kmと、そのスピードは自動車なみだ。

自分自身とのたたかい

この種目では、なかまとたすけあうことはできない。空気抵抗をすべて自分で引きうけ、暑さや湿度などの気候と自分の体力を計算しながら、余力をのこさず最後まで走りきる冷静さが勝負となる。

マウンテンバイク

[男女] クロスカントリー

山道など、舗装されていない道をマウンテンバイクで走る。あれたコースを走るため、体力と、障害の多い道を落車せずに乗りこなす技術が必要。

クロスカントリー

◀自然のなかを走るクロスカントリー。

男女ともに1～2時間かけて走りつづけなければならないため、運転技術とともに体力、持久力も大事になる。選手たちは運転技術を駆使してコースの難所をこえ、1位でのフィニッシュをめざす。先頭選手から、レースとちゅうできめられた基準タイムをこえる遅れとなった選手は、周回ごとに脱落するため、選手の数はへっていく。

 ルール

選手全員がいっせいにスタートして、4～6kmのコースを何周も走り、着順をきそう。コースは、岩場や急斜面、板がわたされてジャンプするしかけになっている場所など、さまざまにくふうをこらした難所がつづく。

競技の進み方

予選はなく全員がいっせいに走り、1度のレースで順位がきまる。

◀スピードをたもちながら、コース上の岩などの障害物を的確な判断でこえていく。

ここが見どころ！

➡ きふくにとんだコース

天候によっては、コースがどろ道になったり、コース上の石や板がすべりやすくなったりする。選手たちはさまざまな運転技術を使って、それらの場所をこえる。

➡ 運転技術と体力に注目

速さに必要なのは、運転技術と体力。技術をみがいて、最小限の力で自転車をあやつり、体力を温存してリタイヤせずに最後までのこり、ラストスパート合戦に打ち勝った者が金メダルを手にする。

豆知識　マウンテンバイクのクロスカントリーは、コース上で追いぬくことがむずかしいため、スタートダッシュがとても重要。スタート位置は、そのときの国際大会でのランキングによってきまる。

自転車競技

BMX（ビーエムエックス）

[種目・男女] レーシング／フリースタイル・パーク

BMX（バイシクルモトクロス）は、モーターサイクル（オートバイ）でおこなうモトクロスを自転車でおこなう競技。これまではいっせいに走って着順をきそうレーシングのみだったが、2020年東京大会には、演技種目のフリースタイル・パークもおこなわれる。

レーシング

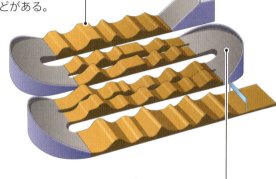

ジャンプ
きふくには単独のローラー、2つが組み合わされたダブル、頂点がたいらなテーブルトップなどがある。

スタートゲート
高い位置にあり、スタートで一気に加速できる。フライングを防ぐためにゲートがついており、スタートと同時にたおれる。

バーム
斜度（バンク）がついている。

ルール

BMXトラックという専用のコースを使用する。コースの長さは、300〜400mほどで、最大8人の選手が、地上8mの高さのゲートからいっせいにスタートしてかけおり、着順をきそう。トラックには、大小のきふくがあり、ジャンプをくりかえしながらフィニッシュへ向かって走る。1レースは、35〜45秒ほどだ。レースでは、選手どうしの接触や、落下などにそなえて頭部全体をおおうヘルメットの着用が義務づけられている。

競技の進み方

8人までの組にわかれてレースをおこない、上位に入った選手が次のレースに進む。準決勝までは、3回ずつ同じメンバーで走り順位によるポイントを多くとった選手4人が次のレースに進むが、決勝では、1回のみの勝負で順位をきめる。

ここが見どころ！

ジャンプの技術
選手たちは、高だかとジャンプをくりかえして、きふくをこえていく。選手たちのジャンプ技術の高さは、そのまま速さにつながるが、跳ばずにきふくにそって走ったほうが速い場合もあり、選手たちはコースによって走りわけている。

↑ 選手たちの強じんな肉体
ジャンプからの着地のはげしい衝撃にたえるため、また急斜面をものともせず自転車をこぎつづけるため、選手たちはきびしい筋肉トレーニングを欠かさない。とくにその足は、陸上の短距離選手のように太くて大きい。

フリースタイル・パーク

ルール

　オリンピックでは自転車競技のうちでただひとつ、速さや着順ではなく採点で順位をつける種目で、2020年東京大会からおこなわれる。さまざまなジャンプ台のあるパークを使って、ジャンプやトリック（空中技、回転など）をおこない、技のむずかしさやオリジナリティをきそって演技を見せる。選手は1人ずつ、競技をおこなう。

▲舗装された場所に木などでできたさまざまなジャンプ台が設置されているコース。

競技の進み方

　競技は45秒〜1分間の演技を2回おこない、0〜99点で採点される。上位選手が決勝に進出する。

ここが見どころ！

⬅⬆ アクロバティックなトリック

ハンドルやペダルからからだをはなして空中でポーズをきめたり、自転車に乗ったままアクロバティックな宙返りを見せたりと、選手たちはさまざまなトリックを見せる。まるで空中に浮いているかのような、すごい技の数かずを楽しもう。

豆知識　ＢＭＸのフリースタイルには、2020年東京大会でおこなわれるパーク以外にも、舗装されたたいらな場所でおこなうフラットランド、舗装されていない土のコースでおこなうダートジャンプ、実際の街なかでおこなうストリートなどさまざまな種目がある。

馬術

馬術（ばじゅつ）

選手と馬のペアでおこなう競技。動物を使うただひとつの競技で、男女の区別なく、同じ条件で勝負することも特ちょう。

▲タイミングよく馬をジャンプさせて、障害を跳びこす障害馬術。

? どんな競技？

馬に乗った選手が、動きの正確さや力強さ、そして美しさなどをめざす競技。自分がいつも乗っている馬といっしょに競技をおこなうため、選手の技術はもちろん、馬の能力の高さや、馬がよく訓練されていることが大切だ。オリンピックでは、馬場馬術、障害馬術、総合馬術の3種目がおこなわれる。馬場馬術の予選と総合馬術は、個人と団体の区別をせず同時におこなわれ、団体は各選手の個人の成績をもとに判断される。

競技の歴史

古くから馬に乗ることが親しまれていたドイツやイギリスで、現在の騎乗法（馬の乗り方）の基本がつくられるなど、馬術は、ヨーロッパで発展した。オリンピックでは、1900年パリ大会ではじめておこなわれたが、当初は軍人の男性しか競技に参加できなかった。1952年ヘルシンキ大会から制限はなくなった。

▲1964年東京大会での障害馬術（当時の名称は大賞典障害飛越）。当時の国立競技場でおこなわれた。

競技場

馬場馬術と障害馬術は、競技アリーナでおこなわれる。総合馬術は、それにくわえて、自然の野山にコースをつくる。

▲馬場馬術をおこなう競技アリーナ。

▲障害馬術用の障害物が設置された競技アリーナ。

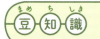
体力面を馬がカバーしてくれる馬術では、年齢の高い選手も活躍する。法華津寛は、日本選手最高齢の71歳で、愛馬ウィスパーとともに2012年ロンドン大会に出場した。

馬場馬術

種目 [男女共通] 個人／団体

馬の演技の正確さや美しさをきそう。選手の指示にしたがって、馬がいろいろなステップをふんだり、図形をえがくように動いたりする。

ルール

20m×60mの競技アリーナで、内容がすべてきめられている規定演技と、音楽にあわせた自由演技をおこなう。馬が歩くリズムの正確さ、馬体のやわらかさ、選手と馬のハーモニーなどに審判員が点数をつける。成績は、審判の合計点を満点で割った得点率できまる。

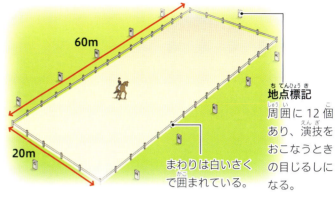

地点標記 周囲に12個あり、演技をおこなうときの目じるしになる。

まわりは白いさくで囲まれている。

競技の進み方

まず規定演技による予選がおこなわれる。つぎに予選上位の18人が自由演技をおこなって、得点率の高い順に順位がきまる。

◀競技アリーナで常歩、速歩、駈歩と歩く速さを変えて、演技をおこなう。

ここが見どころ！

● 選手と馬のコンビネーション
選手はなるべく小さな動作で馬に合図をし、馬はそれにこたえてみごとな動きをする。

← おどるような馬の動き
馬たちはリズムよくしなやかにステップをふむ。まるで自分で楽しみながらダンスしているようにも見える。

↑ 優雅な服装
芸術性をきそう競技にふさわしく、選手の服装も優雅。燕尾服、白のキュロット、トップハット（またはヘルメット）、革ブーツ、それにタイと手ぶくろを身につけるきまりになっている。

馬術

障害馬術

競技アリーナに設けられた、さまざまなかたちや大きさの障害物を、きめられた順番どおりに跳びこえて、走る競技。人と馬との息のあった走りが見られる。

種目 [男女共通] 個人／団体

[おもな障害物]

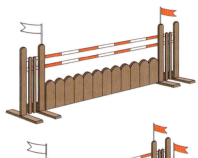

垂直障害
跳びこえるのに高さが必要な障害物。置かれたバーは固定されていないので、馬がふれておとすと減点。

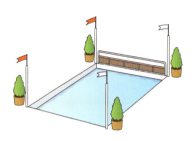

水濠障害
水をはった障害物。水濠のなかに着水すると減点になる。

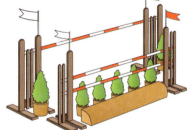

幅障害
高さだけでなく、奥行きもある障害物。

ルール

障害物を跳びこえるときのミスの少なさと走行時間で点数をきそう。障害物にぶつかってバーなどをおとしたり、馬が指示にしたがわないと減点。ミスなく、早く、きめられた時間内にフィニッシュすることが求められる。

競技の進み方

オリンピックでは、個人と団体で、別の日程でそれぞれの予選、決勝がおこなわれる。

個人種目は初日に75人の選手で予選をおこない、翌日に減点が少なかった上位30人で決勝をおこなう。

競技の3日目は団体種目の予選で、参加する20チーム（1チーム3人）のうち、上位10チームが翌日の決勝に進出し、最終の順位をきめる。

ここが見どころ！

⬅️⬆️ 障害物を跳びこえるジャンプ
もっとも大きい障害物は、高さ160cm、奥行き200cmをこえる。地面をふみ切るタイミングがあわないと、うまく跳びこえられない。選手と馬の、息のあった迫力あるジャンプが、最大の見どころだ。

総合馬術

馬場馬術と障害馬術にクロスカントリーをくわえた3つを、同じ人馬のコンビで3日間かけておこなう。人馬ともに総合的な能力やテクニックが求められ、さらに体力や精神力も必要となる。

種目 [男女共通] 個人／団体

 ルール

メインとなるクロスカントリーでは、野山のコースに、木のさくや池などの障害物が設けられる。40以上の障害物を跳びこえながら、約6kmにもおよぶコースを、10分ほどでかけぬける。きめられた時間内に障害物をこえて、フィニッシュする必要があり、きめられた時間をすぎたり、障害物をこえられなかったりすると減点になる。

 競技の進み方

各選手は初日に馬場馬術、2日目にクロスカントリー、3日目に障害馬術の順番で競技をおこなう。3種目目の障害馬術を終え、3種目の合計減点の少ない順で団体の順位がきまる。その後上位25人が障害馬術をおこない個人の順位をきめる。

1日目 馬場馬術
馬が選手の指示にしたがい、正しく、のびのびと運動しているかなどを審査する。

2日目 クロスカントリー
自然に近い状態の障害物をこえながら、コースをきめられた時間内に走行する。

3日目 障害馬術
競技アリーナ内に設置されたコースをミスなく、きめられた時間内に走行する。

ここが見どころ！

➡ スリリングなクロスカントリー

丸太を組み合わせた障害物を跳びこえたり、池に飛びこんだりと、とにかくスリリングで迫力満点だ。また、むずかしくても短い距離ですむルートか、かんたんでも遠まわりのルートかを選べる障害もある。どのルートを通るのかは、選手しだい。

豆知識 1932年ロサンゼルス大会では、西竹一が、愛馬ウラヌス号で大賞典障害飛越個人の金メダルを獲得した。これが、今のところ、日本でただひとつの馬術のオリンピックメダル。

スケートボード

スケートボード

板の前後に車輪がついたスケートボードで、トリック（ジャンプ、空中動作、回転などの技）をおこない、その技のむずかしさやかっこよさで採点される。2020年東京大会ではじめてオリンピックの競技として、おこなわれる。

▲さまざまな構造物（セクション）でスケートボードをすべらせるストリート。

どんな競技？

オリンピックでおこなわれるスケートボードの種目は2つ。どちらの種目も自由にコース（または競技場内）を移動し、技をくり出す。

ストリート……街なかの手すりや階段などを模した構造物（セクション）を設置したコースで技をきそう。

パーク……複雑なかたちの競技場で、ジャンプ台などを使っておもに空中での技をきそう。

▲空中でのトリックが勝負のポイントになるパーク。

競技の歴史

スケートボードは、1940年代にアメリカのカリフォルニアで木の板に鉄の車輪をつけてすべった遊びがはじまりとされている。1950年代に入って木製の板にゴム製の車輪がついた「ローラーサーフィン」という商品が売り出されたが、これが現在のスケートボードのもとといわれている。日本に入ってきたのは1970年代で、1980年代には日本でも競技会が開かれるようになった。

▲1980年代のスケートボードの競技会。このころには日本もふくむ世界各地でスケートボードの大会がおこなわれるようになっていた。

競技場

ストリート、パークともに、専用競技場でおこなわれる。

ストリート
街なかの階段や手すり、坂道などをまねた立体的なコース。

パーク
大きなおわんを組み合わせたような複雑なかたちの競技場。

知っておきたいスケートボード用語

スケートボードでは、スケートボードならではの言葉が、数多く使われている。おもなものを覚えておこう。

トリック
スケートボードを使って出す技のこと。かんたんなものからむずかしいものまでたくさんのトリックがある。

セクション
競技場内においてある構造物のこと。階段（ステア）やその手すり（ハンドレール）、急な坂（バンク）などさまざまなものがある。

デッキ
スケートボードの板。

トラック
スケートボードのうらの車輪をとりつける金属部分。

ウィール
スケートボードの車輪。

豆知識 スケートボードのデッキ（板）は、木、竹、グラスファイバー、プラスチックなどさまざまな材質のものがあるが、一流の選手がもっとも多く使っているのは木製。おもにアメリカやカナダ産のメープル（カエデ）の板が使われている。

スケートボード

ストリート

種目 男子／女子

街のなかにあるような階段や手すり、坂道などをまねたセクションがいくつもある立体的なコースをすべってきそう。

ルール

選手は1人ずつ競技をおこなう。競技時間は45秒。街にあるような階段や手すり、縁石やベンチ、壁や坂道を模したセクション（障害物）が設置された競技場を自由に使い、さまざまなトリック（技）をくり出す。トリックは、障害物を跳びこえる「オーリー系」や、レールなどをデッキ（板）ですべる「スライド系」を組み合わせておこなわれる。審査員は、トリックのむずかしさや高さ、スピード、オリジナリティ、トリックの数や成功率などにくわえ、全体の流れなどを見ながら総合的に判断し、採点する。

▲スケートボードとともにジャンプをするオーリー系のトリック。

バンク
斜面になっている部分。ピラミッド型など、複数が組み合わされているものもある。

レール
平均台のようなセクション。スライド系で使用。

ハンドレール
バンクについている手すり。スライド系で使用する。

カーブボックス
箱型になっているセクション。オーリー系とスライド系で使われる。

競技の進み方

競技は「滑走」2回、セクションをひとつ選びトリックをくり出す「高難度技」5回の計7回をおこない、うち高得点4回の合計点できそう。予選の上位選手が決勝に進む。

◀レールをスライドですべる。

 スケートボードの種目は、オリンピックでおこなわれるストリートとパークのほか、U字型のセクションであるハーフパイプを使ってトリックをきめるバートと、たいらな場所でさまざまなトリックを出すフリースタイルがある。

ここが見どころ！

トリックの大きさ
ダイナミックなトリックは点数が高くなる。トップ選手たちがどんなトリックをくり出すか、注目しよう。

オーリー系トリック
オーリーは、スケートボードごとジャンプする技で、トリックの基本。オーリー系のトリックは、高さや空中での動作、安定感を見る。むずかしいほどポイントが高い。

トリックのスピード
同じトリックでもスピードがあるとポイントは高い。

スライド系トリック
スライド系のトリックでは、トリックの入り方、流れ、ほかのトリックとのつなぎなどを見て、むずかしいほどポイントが高くなる。スライドしているときに上半身がふらついていないかなど、安定感もチェックされる。

2本目のトリック
逆転をねらって2本目は大技を出す選手も多い。1本目とのちがいを見てみよう。

スケートボード

パーク

種目 男子／女子

深いおわんや大きなお皿を組み合わせたような複雑なかたちの競技場でおこなわれる。おわんの上部はほぼ垂直で、そこから上へ跳び出すトリックが見ものだ。

▲パークは、おもにオーリー系のトリックが中心。大きなジャンプと空中動作に注目したい。

ルール

選手は1人ずつ競技をおこなう。競技時間は45秒。大きなおわんやお皿を組み合わせたような複雑なかたちの競技場を自由に使い、さまざまなトリックをくり出す。板（デッキ）ごとジャンプするオーリー系のトリックが多く、トリックのむずかしさや高さ、スピード、オリジナリティ、くり出した数や成功率などにくわえ、全体の流れなどを見ながら5人の審査員が総合的に判断し、採点する。

▲複雑なかたちに斜面が組み合わされているパーク。

競技の進み方

競技はパークを自由にすべる「演技」を3回おこない、そのうちの最高得点で順位がきまる。予選の上位選手が決勝に進む。

◀ボールとよばれるおわんのような形状のセクション。

豆知識　スケートボードのセクションがあるパーク（スケートボードパーク）は、スケートボードショップに設置された屋内のものもふくめて、全国各地に設置されている。最近では、公共のスケートボードパークもふえており、だれでも使うことができる。

ここが見どころ！

🔸 **トリックのスピード**
同じトリックでもスピードがあるとポイントは高くなる。

🔸 **トリックの高さ**
オーリー系のトリックでは高さも大事。トップクラスの選手は高さ3mも跳ぶ。高ければ空中でさらに複雑なトリックができる。

🔸 **トリックのむずかしさ**
ほかの選手がやらないような、むずかしいトリックを成功させるとポイントが高くなる。逆転をねらって2本目は大技を出す選手も多い。1本目とのちがいを見てみよう。

🔸 **トリックの大きさ**
ダイナミックなトリックは点数が高くなる。

👀 かっこいいことが大事

スケートボードは、もともとストリート（街なか）にいる若者たちの遊びから生まれた競技。そのため、種目にかかわらず「かっこいい」ことが重要であり、選手たちは堂どうとしたようすで、自信をもってむずかしいトリックにいどむ。

▶かっこよくトリックをきめる若者。

47

近代五種

フェンシング、水泳、馬術、射撃、ランニングという5種類の競技を連続しておこなうスポーツで、勝者は「キング・オブ・スポーツ」ともよばれる。さまざまな技術とスタミナを身につけた選手が勝者になれる。

種目　男子／女子

▲最終種目となるレーザーランでおこなわれる射撃。

どんな競技？

オリンピックでは競技する順番はフェンシング、水泳、馬術、レーザーラン（射撃とランニング）。これを1人でおこなう。まったくことなるタイプの競技を連続しておこなわなければならないため、選手は各競技の技術のほか持久力、そして強い精神力をためされる。このように、「人間の限界」をつきつめる競技が近代五種だ。選手によって得意な種目と不得意な種目がちがうので、逆転劇も多い。

▲最終種目を終えてたたえあう選手たち。

豆知識　近代五種は、古代オリンピックの五種競技（ペンタスロン）をもとに、『フランス軍の騎兵が、馬に乗って敵を銃と剣でうちたおした末に、川を泳いでわたり、丘をこえて走りぬけた』という故事をもりこんで、つくられた。

競技の歴史

古代オリンピックでおこなわれていた五種競技（走り幅跳び、円盤投げ、スタディオン走、やり投げ、レスリング）にならい、5つの競技が組み合わされてできた競技。1912年ストックホルム大会から開催されている。2008年北京大会までは5種目でおこなわれていたが、2012年ロンドン大会から射撃とランニングを合わせ、同時におこなうようになった。

▲1996年アトランタ大会での近代五種。5種目を1日でおこなった最初の大会で、最後のランニングをおこなう時点で夕方になっていた。

競技場

通常は、4つのことなる競技場にまたがって競技がおこなわれる。それぞれ、専用の競技場が用意されていることが多いが、最後のレーザーランは陸上競技場や馬術会場に射撃用のスペースを設置して実施される。また、移動時間などの都合から、フェンシングなどは、大会用に屋外の競技場に特別に設営された会場を使うこともある。

フェンシング
通常は屋内でおこなわれるが、屋外の特設会場を使用する場合もある。

水泳
競泳用のプールを使用する。

馬術
障害物を設置した馬場が用いられる。

レーザーラン
陸上競技場や馬場でおこなわれる。射撃をおこなう場所は、ランニングのコースのとちゅうにある。

近代五種

ルール

フェンシング、水泳、馬術の3種目は得点制。3種目目が終わったところで、それまでに得た得点を、1点1秒と時間に換算。4種目目のレーザーランで得点の高い順に時間差を設けてスタートし、その着順で最終順位がきまる。

▲フィニッシュした選手たちは体力を使いはたしている。

競技の進み方

オリンピックでは、フェンシングのみランキングラウンドとボーナスラウンドの2回おこなうが、そのほかの種目は全員が1回ずつおこない、順位をきめる。

1 フェンシング

1分間に先にポイントをとったほうが勝ち。ランキングラウンドでは総当たり戦をし、勝率で得点をきめる。ボーナスラウンドでは、ランキングラウンドの順位をもとに勝ちぬき戦をし、1勝ごとに得点が加算される。

2 水泳

200mを自由形で泳ぐ。100分の1秒まではかり、タイムによって得点がつけられる。

3 馬術

貸し出された馬に乗り、制限時間内にコースにそって置かれたさくや水濠などの障害を跳びこえる。障害の高さは最高で120cm。減点方式で得点が計算される。

4 5 レーザーラン

馬術を終えた時点で、もっとも得点が高い選手からスタートし、レーザーピストルで10mはなれた的に5発命中させる射撃と800mのランニングを、交互に4回ずつおこなう。射撃は的をはずしても50秒たてば、先に進むことができる。

豆知識　勝敗を大きく左右するのがレーザーランの射撃。射撃にかける時間は得意な選手だと10〜20秒ほどで終えられるが、5発的中できないと50秒もかかってしまう。30秒も時間が開くと、かんたんに順位が入れかわってしまうので、最後まで逆転のチャンスがある。

ここが見どころ!

フェンシング

↓ 高い瞬発力と集中力がカギ

5種類のうちでただひとつ、相手と対戦する種目。相手の一瞬のスキも見のがさずにすばやい攻撃をくり出す瞬発力と、総当たり戦をたたかいぬく高い集中力が必要だ。

馬術

↑ ねばり強さで、馬とともにたたかう

出会ったばかりの馬と息を合わせる能力と、障害を跳びこえる技術の両方が必要。思いどおりにならなくてもあせったり怒ったりしない精神力も大切だ。

水泳

↓ パワーとスタミナがためされる

からだに負担のかかる水中で、全身の筋肉を動かしつづける。のこりの種目に体力をのこしながら、スピードをきそわなければならない。

レーザーラン

← 静と動をコントロールできた者が勝つ

集中しておこなう射撃は、指の動きがほんの1mmでもぶれれば的に命中しないため、からだがゆれていたり息があがったりしていては成功しない。このあとすぐに800mを走り、走りおわるとすぐにまた射撃。この静と動の切りかえのかこくさに注目だ。

こんなものもあった！ なくなってしまった競技・種目

オリンピックではさまざまな競技・種目がおこなわれてきました。
なかには、今ではおこなわれなくなった競技・種目もたくさんあります。
ここでは、屋外競技のなくなった競技・種目を見てみましょう。

つな引き　1900年 パリ大会～1920年 アントワープ大会

1本のつなを引っぱりあう競技。初期の大会で陸上競技の1種目としておこなわれた。最初の1900年パリ大会では1組3人でおこなわれたが、次の大会では6人、そしてそれ以後は8人となった。

▶1908年ロンドン大会でのつな引きのようす。

ポロ　1900年 パリ大会～1936年 ベルリン大会

ポロは馬に乗ったまま、マレットとよばれるスティックで球を打つホッケーのような競技。1チーム4人でおこなうが、馬は交換用に1人につき2～4頭用意する必要がある。今でもイギリスやアメリカ、アルゼンチンなどで人気があるが、1936年のベルリン大会を最後にオリンピックではおこなわれていない。

◀1908年ロンドン大会でのポロ。オリンピックではおこなわれなくなったが、今でも世界的に人気があり、世界選手権もおこなわれている。

タンデム自転車

1908年 ロンドン大会～ 1972年 ミュンヘン大会

2人乗り自転車によるトラック競技。2人乗りのために車体が大きく、重くなるが、こぐ力も倍になるので1人乗りよりも速い。パラリンピックでは今でも正式種目になっている。

▲1936年ベルリン大会でのタンデム自転車。

▲1964年東京大会のようす。日本からも1組が出場したが、予選おちした。

立ち高跳び／立ち幅跳び／立ち三段跳び

1900年 パリ大会～ 1912年 ストックホルム大会

※立ち三段跳びは、1904年セントルイス大会まで

助走をつけず、その場で跳躍（高跳び、幅跳び、三段跳び）をする競技。1900～1908年の3大会ではレイ・ユーリー（アメリカ）という選手が、これらの種目に出場し、すべて金メダルを獲得。金メダル通算獲得数歴代2位となっている。

▲1900年パリ大会での立ち幅跳び。1位の記録は3.21mだった。

▶1904年セントルイス大会での立ち高跳び。1位のレイ・ユーリーが出した記録は1.60m。

馬高跳び／馬幅跳び

1900年 パリ大会

馬による跳躍競技。1900年パリ大会のみおこなわれた。高跳びの1位はフランスとイタリアの選手2人が同記録で1.85m、幅跳びの1位はベルギーの選手で6.10mを出した。

▲パリ大会での馬高跳びで1位になったフランスの選手。

さくいん

この本に出てきた、競技や種目、おもな用語を50音順にならべ、その内容が出ているページ数を書いています。調べたいことがあったら、そのページを見てみましょう。

あ
- アンダーハンドパス(陸上競技)……13
- 10000m(陸上競技)……8
- 馬高跳び……53
- 馬幅跳び……53
- エリミネーション(自転車競技)……30
- 円盤投げ(陸上競技)……5、22、24
- 円盤投げ(近代五種)……49
- オーバーハンドパス(陸上競技)……13
- オープンレーン(陸上競技)……8、12
- オーリー系(スケートボード)……44、45、46、47
- オムニアム(自転車競技)……30

か
- 規定演技(馬術)……39
- 競歩(陸上競技)……4、5、14、15
- クラウチングスタート(陸上競技)……6、12
- クロスカントリー(自転車競技)……35
- クロスカントリー(馬術)……41
- ケイリン(自転車競技)……29
- 50km競歩(陸上競技)……14
- 五種競技(近代五種)……49
- 個人タイムトライアル(自転車競技)……34
- 5000m(陸上競技)……8
- 混成(陸上競技)……24

さ
- 3000m障害(陸上競技)……9
- 三段跳び(陸上競技)……5、19
- 試技(陸上競技)……16、17、18、19、20、21、22、23
- 自己ベスト(陸上競技)……6

- 十種競技(陸上競技)……24、25
- 射撃(近代五種)……48、49、50、51
- 自由演技(馬術)……39
- 障害馬術(馬術)……38、40、41
- 障害物(陸上競技)……9
- 障害物(馬術)……38、40、41
- 水泳(近代五種)……48、49、50、51
- 水濠(陸上競技)……9
- スクラッチ(自転車競技)……30
- スタディオン走(近代五種)……49
- スタンディングスタート(陸上競技)……8、12
- ストリート(スケートボード)……42、43、44
- スプリント(自転車競技)……27
- スライド系(スケートボード)……44、45
- セクション(スケートボード)……42、43、44
- セパレートレーン(陸上競技)……6、8、12
- 1500m(陸上競技)……5、8、24
- 総合馬術(馬術)……38、41

た
- 立ち三段跳び……53
- 立ち高跳び……53
- 立ち幅跳び……53
- 短距離(陸上競技)……5、6、24
- タンデム自転車……53
- チームスプリント(自転車競技)……28
- チームパシュート(自転車競技)……31
- 中距離(陸上競技)……8
- 中・長距離(陸上競技)……8、24
- 長距離(陸上競技)……5、8
- 跳躍(陸上競技)……4、16、24

54

つな引き	52
テークオーバーゾーン(陸上競技)	12
テンポレース(自転車競技)	30
投てき(陸上競技)	4、20、24
トラック競技(陸上競技)	4
トラック競技(自転車競技)	26、27
トリック(自転車競技)	37
トリック(スケートボード)	42、43、44、45、46、47

な

七種競技(陸上競技)	24、25
20km競歩(陸上競技)	14
200m(陸上競技)	6、7、25

は

パーク(スケートボード)	42、43、46
ハードル(陸上競技)	10、11
馬術(近代五種)	48、49、50、51
走り高跳び(陸上競技)	5、16、24、25
走り幅跳び(陸上競技)	5、18、24、25
走り幅跳び(近代五種)	49
800m(陸上競技)	5、8、25
800m(近代五種)	50、51
馬場馬術(馬術)	38、39、41
ハンドスリング(自転車競技)	32
ハンマー投げ(陸上競技)	5、21
BMX(自転車競技)	26、36
110mハードル(陸上競技)	5、10、11、24
100m(陸上競技)	5、6、7、24
100mハードル(陸上競技)	10、11、25
ファウル(陸上競技)	18、19、20、21、22、23
フィールド競技(陸上競技)	4
フェンシング(近代五種)	48、49、50、51
フリースタイル・パーク(自転車競技)	37
ペーサー(自転車競技)	29
ベント・ニー(陸上競技)	14
ポイントレース(自転車競技)	30
砲丸投げ(陸上競技)	5、20、24、25
棒高跳び(陸上競技)	5、17、24
ポロ	52

ま

マウンテンバイク(自転車競技)	26、35
マディソン(自転車競技)	32
マラソン(陸上競技)	4、5、14、15

や

やり投げ(陸上競技)	5、23、24、25
やり投げ(近代五種)	49
4×100mリレー(陸上競技)	12、13
4×400mリレー(陸上競技)	12、13
400m(陸上競技)	5、6、7、24
400mハードル(陸上競技)	10、11

ら

ランニング(近代五種)	48、49、50
リレー(陸上競技)	5、12
レーザーラン(近代五種)	48、49、50、51
レーシング(自転車競技)	36
レスリング(近代五種)	49
ロード(陸上競技)	5、14
ロード競技(陸上競技)	4、5
ロード競技(自転車競技)	26、33
ロードレース(自転車競技)	33
ロス・オブ・コンタクト(陸上競技)	14

監修
特定非営利活動法人
日本オリンピック・アカデミー（JOA）
ギリシャに本部を持つ国際オリンピック・アカデミー（IOA）に所属する国内アカデミー。オリンピックの理念にそった研究や教育を推進している。オリンピック史研究、オリンピック教育やスポーツ医学、マスメディアなど、さまざまな分野のメンバーで構成。幅広い視点でオリンピック・ムーブメントを推進している。設立は1978年。

装丁・本文デザイン	有限会社フロッグキングスタジオ
DTP	有限会社天龍社
編集協力・文	株式会社ジャニス／榎本康子　宮嶋幸子　美甘玲美
イラスト	大河原一樹
校閲	みね工房
編集・制作	株式会社チャイルドコスモ
特別協力	佐野慎輔　大野益弘
協力	公益社団法人日本近代五種協会／一般社団法人日本ローラースポーツ連盟
写真協力（順不同）	株式会社フォート・キシモト／一般社団法人日本スケートボード協会／公益財団法人日本自転車競技連盟／株式会社フォトライブラリー／株式会社PPS通信社／123RF (imagecom/homy_design/pr2is/Maria Kraynova)

オリンピック・パラリンピック全競技❶

陸上競技　自転車競技　スケートボードほか　屋外競技・複合競技

発行	2018年4月　第1刷　2019年12月　第3刷
監修	日本オリンピック・アカデミー
発行者	千葉 均
編集	堀 創志郎
発行所	株式会社ポプラ社 〒102-8519　東京都千代田区麹町4-2-6
電話	03-5877-8109（営業）　03-5877-8113（編集）
ホームページ	www.poplar.co.jp（ポプラ社）
印刷・製本	図書印刷株式会社

ISBN978-4-591-15735-0　N.D.C. 780 / 55p / 29cm Printed in Japan

落丁本・乱丁本はお取り替えいたします。小社宛にご連絡ください（電話 0120-666-553）。
受付時間は月〜金曜日、9:00〜17:00（祝日・休日は除く）。
読者の皆様からのお便りをお待ちしております。いただいたお便りは制作者にお渡しいたします。
本書のコピー、スキャン、デジタル化等の無断複製は著作権法上での例外を除き禁じられています。
本書を代行業者等の第三者に依頼してスキャンやデジタル化することは、たとえ個人や家庭内での利用であっても著作権法上認められておりません。

P7194001

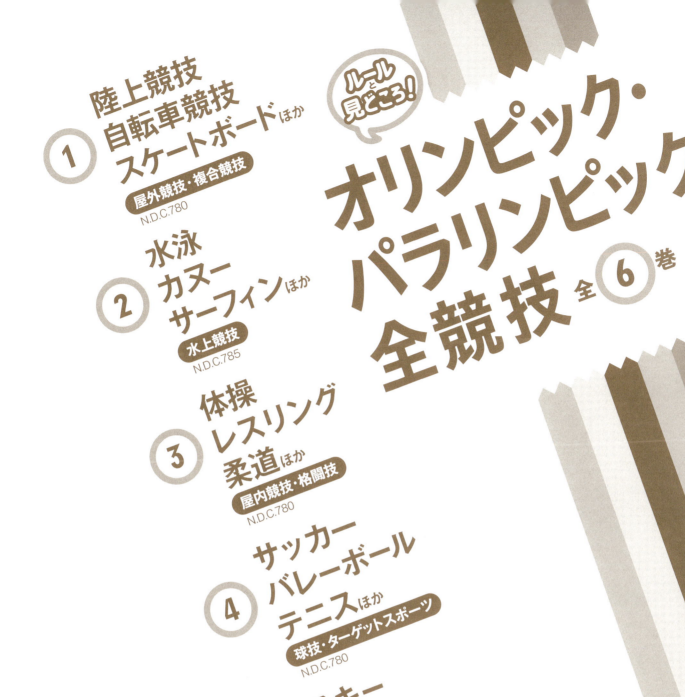

ルールと見どころ！ オリンピック・パラリンピック全競技 全6巻

1. 陸上競技／自転車競技／スケートボード ほか
   屋外競技・複合競技
   N.D.C.780

2. 水泳／カヌー／サーフィン ほか
   水上競技
   N.D.C.785

3. 体操／レスリング／柔道 ほか
   屋内競技・格闘技
   N.D.C.780

4. サッカー／バレーボール／テニス ほか
   球技・ターゲットスポーツ
   N.D.C.780

5. スキー／スケート／カーリング ほか
   冬季競技
   N.D.C.784

6. パラ陸上競技／車いすテニス／ボッチャ ほか
   パラリンピック競技
   N.D.C.780

小学中学年から
A4変型判／①②55ページ、③〜⑥63ページ／セットN.D.C.780
図書館用特別堅牢製本図書

★ポプラ社はチャイルドラインを応援しています★
こまったとき、なやんでいるとき、18さいまでの子どもがかけるでんわ
チャイルドライン®
0120-99-7777
ごご4時〜ごご9時　＊日曜日はお休みです
電話代はかかりません　携帯・PHS OK

ルールと見どころ！！ オリンピック・パラリンピック全競技

［競技リスト］

ここではこのシリーズの①〜⑥巻でとりあげている競技を紹介します。

① 屋外競技・複合競技
- 陸上競技
- 自転車競技
- 馬術
- スケートボード
- 近代五種

② 水上競技
- 水泳
- トライアスロン
- ボート
- カヌー
- セーリング
- サーフィン

③ 屋内競技・格闘技
- 体操
- フェンシング
- レスリング
- 柔道
- ボクシング
- テコンドー
- 空手
- ウエイトリフティング
- スポーツクライミング

④ 球技・ターゲットスポーツ
- サッカー
- バレーボール
- ラグビー
- バスケットボール
- ハンドボール
- テニス
- バドミントン
- 卓球
- ホッケー
- 野球
- ソフトボール
- ゴルフ
- アーチェリー
- 射撃

聞いてみました！
日本にくらす外国人 3

監修 明治大学教授 佐藤郡衛

アメリカ・カナダ・ブラジル・コロンビア

ポプラ社

はじめに

これからの日本をつくっていくみなさんへ

　みなさんのまわりに、外国から来た人はいますか。いま世界では、国をこえて生活する人たちがふえています。海外旅行をしやすい環境(かんきょう)がつくられたり、生活がゆたかになったりした国からは、旅行で日本に来る人たちがふえていますし、日本でくらし、学校に通ったり、工場や会社ではたらいたりする外国の人もふえつづけています。こうした人たちは、なぜ日本に住むようになったのでしょうか。その人それぞれに、理由がありそうですね。

　外国に住むというのは、どういうことでしょうか。みなさんが外国で生活することになったと考えてみてください。ことばがまったくわからない学校に行けば、大きな不安をかかえることでしょう。でも、その学校に日本人や自分を助けてくれる人がいたら、どんなにかうれしいですよね。

　また、食べもの、生活習慣(しゅうかん)、約束事など、日本のくらしとのちがいにも、とまどうことが多いはずです。同じように、わたしたちにとってはあたりまえすぎてうたがいもしなかったことが、外国の人からみると不思議に思うことも数多くあります。外国の人は、日本に来てどんなことが不思議だと思うのでしょうか。その理由も考えてみましょう。それが、ことなるくらしや歴史

▶ 在留外国人と訪日外国人の数

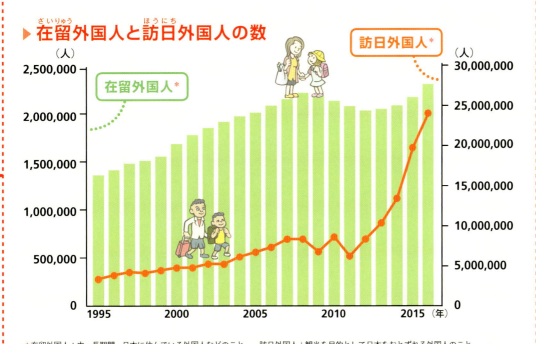

＊在留外国人：中〜長期間、日本に住んでいる外国人などのこと。　訪日外国人：観光を目的として日本をおとずれる外国人のこと。
「在留外国人統計（旧登録外国人統計）統計表」（法務省）および「年別 訪日外客数, 出国日本人数の推移」（日本政府観光局〔JNTO〕）をもとに作成

　をもつ人たちがおたがいに理解しあう「異文化理解」につながっていきます。

　こうしたいくつかの疑問を日本に住む外国の人に聞いてみたのが、このシリーズです。シリーズ全体で20か国の人が登場しますが、この本ではアメリカ・カナダ・ブラジル・コロンビアから来た4人をとりあげています。ぜひ、ここに登場する人たちを通して、4つの国や文化について理解を深めてください。

　日本には、これからもっともっと多くの外国の人が住むようになるでしょう。おたがいに理解を深めつつ、いっしょに新しい社会をつくっていく——この本が、そのための一つのステップになることを願っています。

2018年4月

明治大学教授　佐藤 郡衛

もくじ

はじめに 2　　この本の読み方と特徴 5

アメリカから来た
厚切りジェイソンさん　6
に聞きました

- わたしが来日した理由　7
- 日本での仕事とくらし　8
- 大切な人とのつながり　10
- 仕事仲間に聞きました
  マネージャー　平本直之さん　11
- ジェイソンさんの
  ここにびっくり！アメリカと日本　12
- データ調べ
  アメリカをもっと知ろう！　15

カナダから来た
グリズデイル・バリージョシュアさん　16
に聞きました

- わたしが来日した理由　17
- 日本での仕事とくらし　18
- 大切な人とのつながり　20
- 上司に聞きました
  社会福祉法人理事長　来栖宏二さん　21
- バリージョシュアさんの
  ここにびっくり！カナダと日本　22
- データ調べ
  カナダをもっと知ろう！　25

ブラジルから来た
モクタン・アンジェロさん　26
に聞きました

- わたしが来日した理由　27
- 日本での仕事とくらし　28
- 大切な人とのつながり　30
- 共同制作者に聞きました
  マンガ原作者　梅原セイさん　31
- モクタンさんの
  ここにびっくり！ブラジルと日本　32
- データ調べ
  ブラジルをもっと知ろう！　35

コロンビアから来た
ジェカテリナ・エルナンデス・スアレスさん　36
に聞きました

- わたしが来日した理由　37
- 日本での仕事とくらし　38
- 大切な人とのつながり　40
- 店長さんに聞きました
  「ロミーナ」店長　エビサワ・エミリオさん　41
- ジェカテリナさんの
  ここにびっくり！コロンビアと日本　42
- データ調べ
  コロンビアをもっと知ろう！　45

さくいん　46

この本の読み方と特徴

それぞれの外国出身の方について、インタビュー取材などをもとに、大きく5つのことがらを紹介しています。

①日本に来た理由

名前
人物のフルネームなどを掲載しています。

来日の理由
日本に来ることになった理由を紹介します。

日本とのつながり
出生から来日した時期、来日後の状況までを紹介します。

母国
どのような国から来たのか、楽しいイラスト地図で紹介します。

②日本での仕事とくらし

日本での仕事とくらし
ふだんの仕事やくらしを紹介します。

こんなことまで聞いてみました！
くらしについて、よりくわしい質問に答えてもらいました。

③大切な人とのつながり

大切な人の紹介
家族や友人など、大切な人とのつながりを紹介します。

よく知る人へのインタビュー
家族や友人、職場の仲間などにお話を聞きました。

④ここにびっくり！

日本と母国の習慣・文化の比較
日本にくらしてみて、習慣や文化をくらべておどろいたことを紹介します。

⑤データ調べ

母国がわかる17データ
面積や人口、通貨など、その国の基本情報を17の項目で説明します。　※データの出典は48ページ。

お笑いタレント・IT企業役員
厚切りジェイソンさん

アメリカ
から来た
厚切りジェイソンさんに聞きました

わたしが来日した理由

アメリカのIT企業の日本支社長になるためです。

ジェイソンさんと日本のつながり

- **32年前** アメリカのミシガン州チェルシー市で生まれる。
- **13年前** 大学時代、研究のために来日。日本人女性と出あい、結婚。
- **7年前** 来日！ アメリカのIT企業の日本支社立ちあげのために来日する。
- **6年前** 日本のIT企業に転職し、役員に就任する。
- **4年前** お笑いタレントとしてデビューして、大ブレイクする。
- **現在** お笑いタレントとIT企業の役員として活躍中。

Q. 日本に興味をもったきっかけは何ですか？

日本に対して特別に興味をもっていたというわけではありません。大学生のとき、日本の情報技術（IT）企業で研究するために来日しました。そのとき出あった日本人の女性と学生結婚したことが、日本との最初のつながりでした。

Q. どうして日本に来ることになったのですか？

大学時代に来日したあと、いったんは帰国してアメリカのIT企業ではたらいていました。でも、24歳のときに日本で支社を立ちあげることになったのです。わたしは支社長になるために、ふたたび来日することになりました。

そのころ、日本語を勉強するために、よくテレビのお笑い番組を見ていました。そのうち自分でもお笑いをはじめてみたいと思い、週末にお笑いタレントの養成所に通うようになりました。

日本にくらしてみると「その常識っておかしいダロウ！」と思うことや、非効率に思えることがよくありました。そうしたふだんの生活で感じる日本人のおかしな常識をネタにして、「WHY JAPANESE PEOPLE!?（なぜなんだ日本人!?）」と大声でツッコミを入れる芸が誕生しました。

でも、電車の時刻が正確なところや商店街が近くて買いものが便利なところなどは、日本の効率のよい面として、気にいっています。

結婚の記念にとった写真。

● ジェイソンさんの母国・アメリカ

チェルシー市があるミシガン州は、4つの大きな湖に囲まれている。

日本での仕事とくらし

いろいろなことにチャレンジしているジェイソンさんに、現在のくらしについて聞きました。

お笑いタレントと IT企業の役員をこなす

わたしはお笑いタレントとして、テレビ番組やイベントへの出演、企業への講演などをしています。そうした仕事がない日はIT企業の役員として、自分の会社と海外のお客さんとの橋わたしをしています。

日本人によく「2足のわらじはたいへんですね」と言われますが、ぜんぜんそんなことはなく、つねに楽しんでいます。日本人は「1つのことだけをやりとげなければいけない」という考えが強いと感じますが、本業とか副業とかは関係なく、ほんとうにやりたいことを、いますぐにやったほうがいいと思います。

わたしはこれまでも会社につとめながら修士号をとったり、ビジネススクールやお笑いタレントの養成所に通ったり、いつも2つのことを同時にしてき

パソコンがあれば、自宅や楽屋、飛行機内など、あき時間でも仕事ができると語るジェイソンさん。

ました。そのほうが時間を有効に使えるし、成長もできると思うからです。毎日の日本語の勉強も、なるべく移動中やあいた時間を使うようにしています。

できるだけ家族と すごす時間を大切に

わたしは、できるだけ妻や3人の娘との時間を大切にしたいので、自宅で仕事をすることも多いです。日本の会社ではたらくようになっておどろいたのは、

ジェイソンさんのある1日

- **5:00** 起床・ランニング
- **8:00** 長女を幼稚園に送る
- **9:00** 朝食
- **10:00** 仕事 ▶ お笑いタレントとして、テレビ番組の収録や取材の仕事をしたり、IT企業の会議などに出席する。
- **19:00** 夕食 ▶ かならず家族みんなで食べる。
- **20:00** 娘たちとゲームをする
- **23:00** 就寝

お笑いやIT企業の仕事だけでなく、本の執筆活動も行っている。

『日本のみなさんにお伝えしたい48のWhy』(ぴあ、左)
『ジェイソン式英語トレーニング』(主婦と生活社、右)

お笑いタレントとしてテレビ番組やラジオ番組に出演したり、舞台でネタを披露したりする。

日本人は会社にいる時間がとにかく長いこと。日本では夜7時をすぎても仕事をしている人を見かけますが、アメリカでは夕方の5〜6時にはほとんどの人が帰り、家族と夕食をとるのがあたりまえです。

サバの塩焼きが大好物 イカの塩辛は大の苦手

日本の好きな食べものは、妻の実家でよく食べたサバの塩焼き。あぶらがのっていてすごくおいしいです。一方で、イカの塩辛は大の苦手。あんなに不思議な食感の食べものは、アメリカにはないと思います。日本人は、ほんとうによく魚を食べますが、わたしが生まれた地域はミシガン州の内陸部だったこともあり、魚よりも肉、とくに牛肉がよく食べられていました。

アメリカは、さまざまな国や地域の人びとが集まる国なので、国を代表する料理をあげるのはむずかしいですが、子どものころは、母がつくってくれるラザニアなど、チーズを使ったイタリア系の料理が好物でした。いまは、妻がつくるヘルシーな食事を毎日ブログにアップしています。日本に来てから、体づくりのために習慣にしているのがランニングです。毎朝、だいたい1時間くらい走ります。

奥さんがつくる料理のなかでも、とくにチーズオムレツがお気にいり。

アメリカ　厚切りジェイソンさん

こんなことまで聞いてみました！

Q. 出身国からもってきた宝ものは？

「ゲーム」

アメリカの両親から子どもたちに送られてきた『Guess Who?（ゲスフー）』という人物をあてるカードゲーム。次女がお気にいりで、よくいっしょに遊びます。

Q. 出身国でいちばん有名な日本人は？

「イチロー」

アメリカといえばメジャーリーグベースボール。日本の選手は少ないけれど、イチロー選手は数々の記録を打ちたててチームの勝利に貢献するなど、とても有名です。

大切な人とのつながり

日本とアメリカの大切な家族や、お笑いの道へ進むきっかけをくれた恩人について聞きました。

娘たちの成長が楽しみ

わたしが何よりも大切にしているのは、妻と3人の娘です。日本人の妻は国際的な感覚をもった人で、出あってすぐに結婚を決めました。

いまいちばん楽しみにしているのは、娘たちの成長です。ふだんはできるかぎり幼稚園の送りむかえをして、休みの日は公園や動物園など、自然がゆたかなところですごしています。娘たちは外では日本語も話しますが、家での会話はすべて英語です。

休みの日には、家族みんなで公園などに出かける。

両親は熱心なキリスト教徒

アメリカにいる家族は、両親と1歳半はなれた姉が1人です。父の職業はエンジニアで、自分で会社を立ちあげて家で仕事をしていました。母はずっと専業主婦。両親ともに熱心なキリスト教徒で、週に数回は教会に通い、食事の前にはかならずおいのりをします。夕食のあとは家族でボードゲームやカードゲームをするのが日課でした。両親とはいまも週に数回、パソコンやスマートフォンのアプリなどで連絡をとりあったり、ときどきプレゼントをおくりあったりしています。

ジェイソン誕生のきっかけ

お笑いタレントになるきっかけとなった「ザブングル」の加藤歩さん(右)。

タレントの道に進むきっかけをくれたのが、お笑いコンビ「ザブングル」の加藤歩さんです。近所でやっていたお笑いライブにザブングルが出演していて、たまたま知りあい、お笑いタレントの養成所を紹介してもらうことになりました。いまでも、加藤さんにはすごく感謝しています。

妻と3人の娘が何より大切です!

仕事仲間に聞きました

チャレンジ精神おうせいなジェイソンを尊敬しています。

マネージャー
平本直之さん

なんでも対応してくれる柔軟な人

ジェイソンは、頭がよくて、なんでも柔軟に対応してくれる、仕事がしやすいパートナーです。いっしょに仕事をする前は、他人の意見は受けいれずに、自分の意見をおし通すような人なのかなと心配していましたが、じっさいに仕事をしてみると、まったくそんなことはありませんでした。もちろん自分の意見は主張しますが、きちんと説明をすれば、こちらに歩みよってくれます。

いま、ジェイソンが日本でウケているのも、そんな彼の柔軟さにあると思います。ジェイソンは、日本人の価値観も理解しているから、アメリカ人の価値観を一方的におしつけることはしません。日本のことが好きだから「もっとこうしたらよいのでは？」というアドバイスができるんです。

いろいろな夢を追いかけること

日本では、1つの芸をつきつめることが美徳とされがちですが、お笑いをやりつつ、IT企業の役員もやっているジェイソンにとって、それは真逆の発想です。ジェイソンは、よくほかの芸人さんに「なぜ芸能以外のことをやらないの？」と聞きますが、それは夢をいくつも追いかけるほうが、可能性が広がると考えているからです。ジェイソンのよさを世間の人たちにどのように伝えるのか、どの番組に登場させるのか、それを決めるのがわたしの役割なので、今後は、お笑いタレントとしてだけでなく、IT企業の役員であるジェイソンを強く打ちだしていきたいと考えています。

完ぺきを追いもとめなくていい

なんでも柔軟にこなすジェイソンですが、「すべて完ぺきをめざさなくていい」ともよく言っています。たとえば、ジェイソンは日本語がペラペラで、毎日漢字も勉強する努力家ですが、イントネーションはまだまだ。でもジェイソンは「ことばは伝わればいい」と考えているので、それでOKなのです。日本人は、完ぺきな英語を話そうとするので、会話のテンポにおくれてしまいがちですが、まずは「まちがえてもいいからチャレンジすることが大事」とつねに言っています。ジェイソンがすごいのは、それをみずから実行しているところ。人としてほんとうに尊敬しています。

アメリカ　厚切りジェイソンさん

打ち合わせ中の平本さんとジェイソンさん。

ジェイソンさんの ここにびっくり！アメリカと日本

受験勉強ってほんとうに必要？

受験勉強のないアメリカでは塾に通う人もほとんどいない

勉強は楽しんでやるのがいちばん！

　アメリカの学校制度は、州や地域によってさまざまです。わたしの場合は、幼稚園に1年、小学校に5年、中学校に2年、高校は4年通いました。制服はなくて、服装は自由でした。それから高校の校長先生にお願いして、17歳で飛び級をし、まわりのみんなよりも1年早く大学に入学しました。飛び級は、アメリカでも一般的ではなく、とてもめずらしいことでした。

　わたしが育った地域では、塾に通う人はほとんどいません。大学の入学試験はありますが、何度も受けることができるので、受験勉強をする必要はなく、日本の受験生のようなストレスはありません。

　いまの日本の教育のように、試験に合格するための正解を教えこまれていては、自分で考えて行動できる人間にはなれないと思います。

　娘は、いまは日本の幼稚園に通っていますが、将来は受験勉強にしばられないインターナショナルスクールに通わせたほうがいいかなと考えています。好きなことのために時間を使って、どんどん個性をのばしてほしいです。

日本のものはなんでも小さく感じる！

アメリカの家は広くて安い
日本の家はせまくて高い

　わたしが生まれ育ったアメリカの家は、小学校の教室5〜6つ分くらいの大きさがあり、一般的なサッカー場よりも広い庭がついていました。田舎だったこともありますが、日本の、とくに都会では、こうした広さの家はほとんどありません。

　日本では、いろいろなところで「せまい」「小さい」と感じることがあります。たとえば、道路。わたしは日本の運転免許証はもっていませんが、「こんなに道路がせまいとだれも運転したくないダロウ！」と思ってしまいます。レストランで最初に出てくるコップのサイズも、一口で飲みほしてしまうほど小さいですね。

都会だから家がせまいのはしかたないけどね。

アメリカの家は各国の平均でもっとも大きく、庭も広い。

アメリカ　厚切りジェイソンさん

日本の下積みの期間ってむだじゃない？

アメリカでは「できる人」が
みとめられていく

　日本の部活動では、1年生がボール拾いをさせられますが、最初から上級生と同じ練習をしたほうが早く上達できると思いませんか？

　日本は社会人になっても、新入社員には下積みがもとめられます。さらに、実力にかかわらず、年齢におうじて立場が上がっていきます。でも、アメリカはなんでも実力主義。年上でも仕事ができないとクビになるし、若くてもできる人がみとめられます。

日本のサービスは完ぺきをもとめすぎ!?

世界で成功する会社は そこまで高品質をもとめない!

　日本の製品やサービスは、質が高いものが多いです。消費者としてはうれしいですが、企業にとってはそれだけ多くの費用がかかり、はたらく人の負担にもなります。

　アメリカにかぎらず世界的に成功している企業は、日本ほど完ぺきなサービスを追いもとめていません。たとえば日本の旅館では、到着後に出されるお茶やお菓子にはじまり、食べきれない量の食事のサービス、ふとんの準備など、旅館の人がせわしなく動き、客はのんびりするはずの旅行でまったく落ちつくことができません。

　日本の企業は、製品やサービスを100％に近づけようと努力しますが、わたしはすごく非効率だと思います。

都会でも安全で清潔なことにびっくり!

ゴミが落ちていないし 治安もよくて住みやすい

　アメリカの大都会ニューヨークは、映画やドラマではかっこよさそうに見えますが、じっさいに行ってみると、場所によってはゴミだらけでくさい街です。よく暴力事件が起きるし、ときどき拳銃の音が鳴りひびいたりもしています。

　それにくらべて東京は、都会なのに清潔で、ゴミがほとんど落ちていません。とても安全でくらすのには快適です。

ニューヨークの道に積まれたゴミの山。

同じ大都会でもこんなにちがうなんて!

データ調べ アメリカをもっと知ろう！

① **正式名称** アメリカ合衆国
② **首都** ワシントンD.C.
③ **面積** 983万4,000km² （日本は37万8,000km²）
④ **地勢** 北アメリカ大陸の中央に位置し、北はカナダ、南はメキシコに国境を接している。
⑤ **人口** 3億2,445万9,000人〈2017年〉（日本は1億2,558万4,000人〈2017年〉）
⑥ **おもな言語** 英語
⑦ **民族** 白人72.4％、黒人12.6％、アジア系4.8％、2人種以上の民族を祖先にもつ人たち2.9％、先住民0.9％、ハワイと太平洋諸島系0.2％など。
⑧ **宗教** 約80％がキリスト教。そのほか、ユダヤ教、仏教、イスラム教など。
⑨ **通貨** 米ドル
⑩ **日本とワシントンD.C.の時差** 日本より14時間おそい（夏時間＊では13時間おそい）
⑪ **東京とワシントンD.C.の距離** 1万925km
⑫ **ワシントンD.C.の平均気温** 〈1月〉－0.2℃ 〈7月〉26.4℃（東京の平均気温は、〈1月〉5.2℃、〈7月〉26.4℃）
⑬ **平均寿命** 男性77歳、女性82歳〈2015年〉（日本は男性81歳、女性87歳〈2015年〉）
⑭ **日本にくらすアメリカ人の数** 5万3,705人〈2016年〉
⑮ **アメリカにくらす日本人の数** 42万1,665人〈2016年〉
⑯ **世界遺産登録数** 23件〈2017年〉

＊夏時間：日の出の時刻が早まる夏の約6か月間、時計の針を1時間進める制度。

首都ワシントンD.C.にある大統領が住む「ホワイトハウス」。

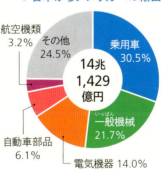

ニューヨークにある、アメリカの独立承認100年を記念して、フランスからおくられた自由の女神像。

⑰ **日本との貿易**

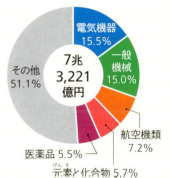

◆日本からアメリカへの輸出
14兆1,429億円
- 乗用車 30.5％
- 一般機械 21.7％
- 電気機器 14.0％
- 自動車部品 6.1％
- 航空機類 3.2％
- その他 24.5％

◆アメリカから日本への輸出
7兆3,221億円
- 電気機器 15.5％
- 一般機械 15.0％
- 航空機類 7.2％
- 元素と化合物 5.7％
- 医薬品 5.5％
- その他 51.1％

〈2016年〉

実力主義のアメリカでは、だれにでも成功のチャンスがあるんだよ！

※データの出典は48ページ。

社会福祉法人職員
グリズデイル・バリージョシュアさん

🍁 カナダ
から来た
グリズデイル・バリージョシュアさん

に聞きました

※バリージョシュアさんは、日本国籍を取得し、現在は日本人として生活しています。今回は、元カナダ人という視点から、お話をお聞きしました。
また、自分をどこの国の人と考えるかについては、自分の国籍にかぎらず、生まれた場所や、両親の国籍、自分がどこの国の人として生きたいかなど、いろいろな考え方があります。

わたしが来日した理由

高校で日本語を学んで日本の文化やくらしに興味をもったからです。

バリージョシュアさんと日本のつながり

- **37年前**
カナダのトロント市で生まれる。生後約半年で高熱を出し、両手足がうまく動かせない障がいを負う。

- **21年前**
高校で日本語のクラスを選択する。

- **18年前**
はじめて日本を旅行し、駅員さんの親切な対応に感動する。

- **11年前** 来日！
日本で仕事を見つけて転職、来日する。

- **6年前**
仕事の契約が終了し、現在の職場に転職。

- **2年前**
日本国籍をとる。

Q. 日本に興味をもったきっかけは何ですか？

日本は、科学技術が進んだ国というイメージがありました。コンピューターを使った仕事に興味があったので、日本語ができたら、将来、役にたつかもしれないと思っていました。

わたしの通っていた高校では、めずらしく日本語のクラスを選択することができました。日本語の勉強をするうちに、文化や生活にも興味が出てきて、いつか日本でくらしてみたいと思うようになりました。

日本語の先生は、日本の映画を見せてくれたり、宿題もきびしくなかったりと、とても楽しい先生でした。きびしい先生だったら、日本好きにはならなかったかもしれません。

Q. どうして日本に来ることになったのですか？

高校卒業のお祝いで、父と日本を旅行しました。わたしは障がいがあって、電動車いすを使っているので、駅の階段ではエレベーターが必要です。電動車いすはとても重いのですが、エレベーターのない駅で、駅員さんが6人がかりで運んでくれました。お客さんがちゃんと地下鉄の駅を利用できるように努力する心に、ほんとうに感動しました。

大学卒業後、カナダの会社につとめていましたが、日本ではたらく人を募集している組織を見つけて、来日しました。

高校の日本語クラスで学ぶバリージョシュアさん。

● バリージョシュアさんの母国・カナダ

トロントにある「CNタワー」は、高さが553.33mもある人気の通信塔。

日本での仕事とくらし

日本のバリアフリー情報を発信しているバリージョシュアさんに、仕事とくらしについて聞きました！

社会福祉法人が運営する施設のウェブサイトの管理

　いまは、高齢者施設と保育園を運営している社会福祉法人に勤務しています。担当する仕事は、運営している施設のウェブサイトの管理です。施設のお知らせを掲載したり、古くなった情報を削除したり、ウェブサイトを見る人にきちんと最新の情報が伝わるように管理しています。ウェブサイトのページをふやしたり、デザインを変えたりするときには、職場内や外部の人と会議をすることもあります。コンピューター技術を使って、施設の仕事を便利にする方法なども考えています。

　わたしは生後半年くらいから、両方の手足がうまく動かせない障がいがあり、電動車いすを利用して生活しています。勤務先が高齢者施設なので、通勤のときには、利用者のみなさんの送りむかえに使う車で送りむかえをしてもらいます。家では、介護士の方に介助や家事をお願いしています。

バリージョシュアさんのある1日

- **6:00** 起床
- **8:00** 出勤
- **仕事** ▶ 勤務している施設グループのウェブサイトを管理する。
- **17:30** 退勤
- **18:00** 帰宅 ▶ 漢字の勉強をしたり日本の小説を読んだり、友だちに会ったりする。
- **23:30** 就寝

勤務先が運営する施設のウェブサイトを管理。パソコンに向かう業務が多い。

車いすでも外出しやすい日本

　通勤以外で出かけるときは、電車などの公共交通機関を利用しています。カナダの鉄道はあまり便利ではなくて、車がないと生活がなりたちません。日本では車がなくても、電車やバスで、いろいろなところへ行くことができます。自分で移動しやすいので、日本にいるときのほうが自由に感じます。

　電車では乗務員さんや駅員さんが、乗りおりのときにスロープをわたしてくれますし、エレベーターがついている駅や建てものもふえていて、「バリアフリー*」がとても進んでいます。カナダでは、電車で同じようなサービスを期待しても、段差のないところを自

*バリアフリー：障がい者や高齢者が社会生活を送るうえで、こまったり不便に感じたりすることがとりのぞかれている状態。

バリアフリー情報サイトのために、バリアフリーが整備されているか、調査する。観光スポットへ行ったり、公共交通機関を使って移動したりする。

分でさがすようにいわれたり、段差のない駅だけを使えばいいといわれたりしました。

外国人向けにバリアフリー情報を発信

仕事以外でもウェブサイトを立ちあげて、日本のバリアフリー情報を英語で伝える活動をしています。車いすだからという理由で、日本を旅行できないと思いこんでいる人も多いと聞きます。大好きな日本に、たくさんの人が来られるように、外国のガイドブックにのっている観光地や、外国人に人気のある店に車いすで入れるか、障がい者の使えるトイレはあるかなど、自分でじっさいに行って調べて、情報を発信しています。ウェブサイトを見ている人から、とりあげてほしい場所のリクエストがきて、調べに行くこともあります。

バリージョシュアさんが立ちあげたウェブサイト「ACCESSIBLE JAPAN」。

こんなことまで聞いてみました！

Q. カナダの主食は？

「ジャガイモやパン」

日本の主食はお米ですが、カナダでは朝・昼はパンで夜はジャガイモ、ということが多いです。ゆでてつぶしてバターをのせたりします。

Q. 将来の夢は？

「鎌倉に住む」

日本のいろいろなところに行っていますが、鎌倉がとくに気にいっています。歴史があって、海が近くて美しい街です。若い人が多いのもいいですね。

大切な人とのつながり

職場では、周囲からの信頼もあつい バリージョシュアさん。カナダの家族などについて聞きました。

わたしの家族は国際色ゆたか

カナダの家族とは、メールやSNS*で連絡をとっています。わたしがカナダにもどらず日本でくらしていくことを決めたときは、さびしかったようですが、決めたことには反対しないで見まもってくれています。わたしの祖父はブルガリアからカナダに移住してきた人で、わたしの姉はガーナ人と結婚しています。こうして考えると、とても多国籍な家族ですね。両親が日本に遊びに来ることもあります。でも父は、東京の夏は暑すぎるから、夏にはもうぜったいに来たくないといっています。

お姉さんと妹さんが1人ずつの3人きょうだい。妹さんの結婚式には、家族全員が集まった。

日本風に名字で自己紹介も

わたしの職場は、高齢者施設や保育園を運営しています。職場環境がバリアフリーで、周囲の人たちも介助の必要な人との接し方になれているので、とても助かっています。施設の利用者さんや園児たちとのふれあいもあって、とても楽しいです。子どものころからなれ親しんだ「ジョシュ」というよび名でよんでもらっていますが、日本の職場では名字でよびあうことが多いので、最近は日本風に「グリズデイルです」と名字で自己紹介するようにもしています。

保育園をおとずれると、子どもたちが喜んでかけよってくる。

イベントに参加するのも楽しい

わたしのつとめる施設では、利用者さんが楽しめるレクリエーションにも力を入れています。クリスマスパーティのときには、わたしもサンタクロースの格好をしました。とても本物っぽいと、喜んでもらえたんですよ。

施設のクリスマスパーティにサンタクロース役で登場。

ジョシュとよんでくれてうれしいです！

*SNS：インターネット上でほかの人と交流できる会員制のオンラインサービス。英語のSocial Networking Serviceを略したもの。

上司に聞きました

ジョシュのおかげで施設も注目されています。

社会福祉法人 理事長
来栖宏二さん

しめきりをきっちりまもって優秀

わたしもほかのスタッフも、彼をジョシュとよんでいます。ジョシュには、この施設グループ全体のウェブサイトの管理をはじめ、インターネットに関連する仕事も、全部まかせています。しめきりをきっちりまもってくれますし、ほんとうに優秀な仕事ぶりです。とくにカナダ出身だからと、意識して接することはまったくありません。いっしょにはたらくスタッフはもちろん、利用している高齢者の方々も意識していないようです。

世界中から視察がおとずれる

でも、外国出身のジョシュだからこそ、やれていることもあります。ジョシュは日本を旅したい外国人のために、日本のバリアフリー情報を発信していますが、その活動のおかげで、さまざまな国の人たちがジョシュやこの施設に注目してくれて、世界中から視察が来ています。有名な「ユーチューバー」が取材にきて、紹介してくれた動画が何十万回も再生されたこともあります。

スタッフも利用者さんも、日常的に外国の方々が視察におとずれることに、すっかりなれてしまいましたが、ジョシュのおかげで貴重な機会をたくさんもらえていると思っています。

ゆくゆくは、ぜひ施設長に

ジョシュは、いまでも近隣の学校によばれて、講演をすることがありますが、これからももっともっと、地域の人たちに、彼の体験を伝えていってほしいと思っています。人間は、経験していないことはなかなかわからないものです。ジョシュのような障がいのある人が、ふだんの生活でどんなことにこまるのかを伝えることで、社会がどんどんよくなっていくと思うのです。

さらにいろいろな経験を積んで、将来は、ぜひ施設長になってもらえたらうれしいですね。

カナダ グリズデイル・バリージョシュアさん

学校や地域の人から講演をたのまれることも多い。

来栖理事長からは「最近、英語がへたになったんじゃない？」と冗談が飛ぶ。

バリージョシュアさんの ここにびっくり！ カナダと日本

6年生の次が7年生じゃない！

カナダの小学校（写真右）とスクールバス（写真下）。カナダでは、家族が送りむかえをするか、スクールバスで通うのが一般的。

写真提供：daryl_mitchell/flickr

地域によって学校制度や勉強の内容が変わる

「カナダでは受験勉強はめったにしないよ！」

　カナダの学校制度は、州ごとにちがっています。日本と同じように小学校が6年、中学校が3年、高校が3年という州もあれば、5年、4年、3年という州も。わたしの生まれたトロント市があるオンタリオ州は、小学校が8年、中学校と高校がいっしょになった学校が4年です。学年の数え方は、進学しても1年生にはもどらず、日本の中学1年生は7年生、高校3年生は12年生になります。それぞれの地域の歴史や文化に合わせた、独自の授業も受けられます。

　中学校や高校に入るための入学試験はありません。大学に入るときも、特別な学校以外は入学試験はないので、カナダ人で一生懸命、受験勉強をしたという人は、ほとんどいません。

　カナダには特別支援学校はなく、障がいのある子どもも同じ学校に通います。障がいのある子をほかの子が手伝ったり助けたりするのがふつうです。カナダでは、通学にはスクールバスを使うのが一般的で、わたしも利用していました。

どうしてパソコンを使わないの？

家にパソコンがないという日本人があんがい多い

　日本は技術の進んだ国というイメージがあり、だれもがパソコンを使っているものだと思っていました。しかし、じっさいに来てみると、自宅にパソコンをもっていないという人があんがい多くておどろきました。

　日本では、学校の提出物をパソコンで打たないといけないことがあまりないそうですね。カナダでは、中学校くらいまでは手書きでもよいのですが、高校生になると、宿題や課題はパソコンで打って印刷したものを提出しなければなりません。学校のパソコンも利用できますが、使ってもよい時間だけでは宿題や課題を終わらせられないので、多くの家庭では子どものためにパソコンを購入しています。

カナダ　グリズデイル・バリージョシュアさん

日本の家には芝生がない！

カナダでは家の表とうらに芝生があるのがふつう

　カナダの家は、家の正面とうら側に同じくらいのスペースがあり、その両方に芝生があるのがあたりまえです。子どもが走りまわったり、のんびりとねころんですごしたり、緑をながめながらくつろぐのがふつうのことです。日本は、公園に行かないとそういうスペースがないので、ちょっとさみしいですね。

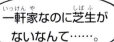
一軒家なのに芝生がないなんて……。

カナダでは多くの家で、正面とうらに庭がある。

日本人はルールを気にしすぎ！

決まりをまもろうとして柔軟(じゅうなん)な対応(たいおう)が少ない

　日本人は、ルールをまもることにこだわる人が多いと感じます。たとえば、わたしは電動車いすで生活しているので、ふつうの人が通る道が通れなかったり、遠まわりして建てものに入らないといけないことがあります。ふつうは通れない通路でも、車いすの場合は通れるようにしてくれれば利用できるのに、「ルールですから」とみとめてくれないことが多いのです。

　カナダなら、たいていその場で判断(はんだん)して「ルールはあるけど、いいんじゃない？」と柔軟な対応をしてくれます。ルールをまもるのはとてもよいことですが、もう少しやわらかい頭で考えてくれてもいいのになあと思うことがあります。

あたたかい缶(かん)コーヒーにびっくり！

あたたかいコーヒーがかんたんに飲めるなんて

　わたしはコーヒーが好きで、毎朝飲みます。平日の朝はいそがしいので、職場(しょくば)の自動販売(はんばい)機(き)で、カップに注がれるものや缶コーヒーを買います。カナダでは、日本のような缶コーヒーは売られていません。自動販売機で、どこでも気軽にコーヒーが買えることにはおどろきましたし、あたたかい缶コーヒーまであるのは、ほんとうにびっくりです。

日本ではあたたかい飲みものが自動販売(はんばい)機(き)で手軽に買える。

カナダから遊びに来た人はみんなおどろきます！

データ調べ カナダをもっと知ろう！

❶ 正式名称	カナダ
❷ 首都	オタワ
❸ 面積	998万5,000km² （日本は37万8,000km²）
❹ 地勢	東は大西洋、西は太平洋とアメリカのアラスカ、北は北極海、南はアメリカ本土と接する。
❺ 人口	3,662万4,000人〈2017年〉（日本は1億2,558万4,000人〈2017年〉）
❻ おもな言語	英語（公用語）、フランス語（公用語）
❼ 民族	カナダ人32.2％。そのほか、ヨーロッパ系、アジア系、先住民など。
❽ 宗教	キリスト教が70.3％（カトリック42.6％、プロテスタント23.3％、そのほかのキリスト教4.4％）、イスラム教1.9％など。
❾ 通貨	カナダ＝ドル
❿ 日本とオタワの時差	日本より14時間おそい（夏時間※では13時間おそい）
⓫ 東京とオタワの距離	10万342km
⓬ オタワの平均気温	〈1月〉-7.3℃ 〈7月〉21.3℃（東京の平均気温は、〈1月〉5.2℃、〈7月〉26.4℃）
⓭ 平均寿命	男性80歳、女性84歳〈2015年〉（日本は男性81歳、女性87歳〈2015年〉）
⓮ 日本にくらすカナダ人の数	1万34人〈2016年〉
⓯ カナダにくらす日本人の数	7万174人〈2016年〉
⓰ 世界遺産登録数	18件〈2017年〉

※夏時間：日の出の時刻が早まる夏の約6か月間、時計の針を1時間進める制度。

オタワの国会議事堂。塔には展望台があり観光客にも人気。

カナディアン・ロッキー山脈自然公園群は世界遺産の一つ。

⓱ 日本との貿易

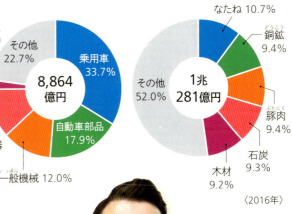

◆ 日本からカナダへの輸出　8,864億円
- 乗用車 33.7％
- 自動車部品 17.9％
- 一般機械 12.0％
- 電気機器 11.6％
- ゴム製品 2.1％
- その他 22.7％

◆ カナダから日本への輸出　1兆281億円
- なたね 10.7％
- 銅鉱 9.4％
- 豚肉 9.4％
- 石炭 9.3％
- 木材 9.2％
- その他 52.0％

〈2016年〉

「障がいがあってもくらしやすい日本のよさを伝えていきたいです！」

※データの出典は48ページ。

漫画家
モクタン・アンジェロさん

ブラジル
か・ら・来・た
モクタン・アンジェロさん
に聞きました

わたしが来日した理由
子どものころからの夢だった漫画家になるためです。

モクタンさんと日本のつながり

- **35年前**
ブラジルのベロオリゾンテで、5人きょうだいの長男として生まれる。

- **18年前**
1年間留学し、東京の高校に通う。

- **11年前** 来日！
東京造形大学の大学院で2年半、アニメーションを学ぶ。

- **8年前**
情報技術（IT）企業ではたらきはじめる。仕事をしながら漫画をかいていた。

- **現在**
3年前に独立し、漫画家として活躍中。

Q. 日本に興味をもったきっかけは何ですか？

わたしの母は、中国を起源とする「東洋医学」の医師で、子どものころから東洋文化の話を聞かせてくれました。また、中学生のころに、自宅でテレビアニメの『聖闘士星矢』を見て感動し、日本の漫画に興味をもち、漫画家をめざすようになりました。

モクタンさんが漫画家をめざすきっかけとなった漫画『聖闘士星矢』。
©M.Kurumada 2001/Shueisha

Q. どうして日本に来ることになったのですか？

17歳のときに、留学制度を利用して来日しました。ブラジルにいたときに漫画で見ていた日本の様子は、街の風景や中高生の制服など、何もかもがブラジルとはちがうものでした。じっさいに日本に来てみると、日常の風景が漫画の風景そのものだったので、しばらくのあいだは自分が漫画の世界のなかにいるような気分でした。この経験がきっかけで、日本で漫画家になりたいという気持ちがより強くなり、ブラジルの大学を卒業後、日本の大学院に入学しました。

大学院を卒業して、IT企業ではたらいていたころ。

● モクタンさんの母国・ブラジル

ブラジリアやリオデジャネイロの景観は、世界遺産として登録されている。

日本での仕事とくらし

自宅の仕事場で漫画をかいているモクタンさんに、現在の仕事とくらしのことを聞きました。

一日中、漫画の制作にはげむ 息抜きは近所の公園へ

いまは東京のマンションで、ブラジル人の妻と2人ぐらしをしています。大学院を卒業して5年間は、IT企業ではたらきながら、あいた時間に漫画をかいていましたが、漫画家になってからは自宅の仕事場で、一日中制作にはげんでいます。編集者と打ち合わせをして、漫画の方針を決めてストーリーを考え、下書きのラフを何回もなおして作品を仕あげます。

仕事のあいまには、家事をしたり、公園に行ったりして、気分転換をしながらアイデアがわいてくるのを待ちます。妻は会社づとめをしているので、料理や掃除などの家事は、2人で分担しています。

ベジタリアンなので 外食には気をつかう

わたしは、肉や魚を食べないベジタリアンです。たまに妻とアイスクリームを食べることがありますが、ふだんは卵や乳製品も食べません。日本の外食では、スープにとり肉のだしが使われているなどのベジタリアン向けの表示がなく、選ぶのにこまるので、家で食事をすることがほとんどです。よく使う日本の食材は豆腐です。チーズのような感覚で、サンドイッチの具材にしています。

モクタンさんのある1日

7:00	起床 ▶ ストレッチと冷水シャワーが日課。
9:00	漫画の制作
14:00	公園などで昼食
	買いもの
16:00	勉強や雑務など
18:00	漫画の制作 ▶ 終えたら家事や勉強をする。
21:00	妻と夕食
1:00	就寝

白と黒の差が印象的な、モクタンさんの漫画『あかずきんちゃん』。

モクタンさんの仕事風景。現在は漫画の連載があるので、仕事場にこもって作業をする時間が長い。

近所のパン屋さんで買ったパンを使って、台所でサンドイッチをつくる。

さまざまな国の人が参加する哲学を学ぶ学校。「異文化を理解するのにとても役だちます」とモクタンさん。

たまにブラジル料理店に行きますが、ブラジル定番の肉料理ではなく、いろいろな種類のサラダを食べています。

将来の夢は漫画と哲学を学ぶ学校をつくること

ブラジルには、多くの日系人*や日本人がくらしています。わたしが生まれた町にはあまりいませんでしたが、母は日本から来ていた禅の僧侶に影響を受けていたようです。

ブラジルのおもな宗教は、西洋由来のキリスト教のカトリックです。すべての善悪がはっきりしていて、罪をおかしたら教会でおいのりをすることで清められると考えます。一方、東洋の思想には、暗い部分である「陰」と明るい部分である「陽」があって、2つのバランスが大切という考えがあります。また、神様が救ってくれるのではなく、自分のなかにある力を信じるという考え方もあります。

わたしは、母の影響で東洋の思想や禅の教えを知り、物事を深く考える哲学に興味をもち、いまも勉強をつづけています。休日には、横浜にある哲学を学ぶ学校で、講師のボランティアをしています。将来は、漫画と哲学を学べる学校をつくるのが夢です。

公園で、母に教えてもらった中国発祥の太極拳をすることも。

＊日系人：外国の国籍をもち、日本人の血をひいている人のこと。

こんなことまで聞いてみました！

Q. 好きなブラジルの食材は？

「ローストカカオ」

ブラジルは、チョコレートの原料にもなるカカオの名産地。日本でも売っていますが、値段が高いので母に送ってもらっています。あまみはなく、とても香ばしい味わいです。

Q. ブラジルで有名な日本人は？

「宮本武蔵」

宮本武蔵は、最強の侍としてブラジルでもよく知られています。彼が書いた『五輪書』は、ブラジルの公用語のポルトガル語にも翻訳されていて広く読まれています。

『五輪書』(岩波書店)

大切な人とのつながり

国際的に活躍する両親やきょうだい、日本の大切な仲間たちについて聞きました。

茶道や着付けなど日本文化に親しむ妻

3歳年上の妻のカルミンダとは、わたしが24歳のときにブラジルで結婚しました。わたしが先に日本でくらしはじめ、半年間アルバイトをしてお金をためて、妻をよびました。妻は、日本に来てから日本語を学びはじめたのですが、来日して4日目から、近所の公民館で行われている茶道のけいこに通うようになりました。そこでたくさんの友だちができてよかったといいます。茶道のけいこで知りあった着物の先生に、着付けを教えてもらい、着物も自分で着られるまでになりました。

休日は2人で哲学を学ぶ学校に行ったり、散歩をしたりする。

はなれていても7人家族はみんな仲よし

父はブラジルでは有名な彫刻家です。わたしは父から美術と、母から東洋の思想を習ったおかげで漫画家になったと感じています。きょうだいは5人いて、いちばん下の高校生の弟以外は、フランスやインドなど、世界中のいろいろな国でくらした経験があります。きょうだいとはSNS*でつながって、写真を送りあっています。

ブラジルでくらす両親(写真上)。きょうだい5人で東京の明治神宮に行ったことも(写真下)。

クリスマスはみんなであたたまる

クリスマスには、哲学を学ぶ学校のブラジル人とその友だちなどがおおぜい集まって、特別なディナーを食べたりプレゼント交換をしたりします。これは宗教上の意味ではなく、寒い冬をみんなであたたかくすごすために行います。

あこがれていた日本での生活をわたしも妻も楽しんでいます!

*SNS：インターネット上でほかの人と交流できる会員制のオンラインサービス。英語のSocial Networking Serviceを略したもの。

共同制作者に聞きました

モクタンに出あってブラジル人のイメージが変わりました。

漫画原作者
梅原セイさん

*モクタンさんが似顔絵をかきました。

最初の印象はおだやかな人

モクタンとは、大学時代の漫画研究会で出あいました。モクタンは共同制作者としてストーリーが書ける人を、わたしは絵がかける人をさがしていたので、すぐに気が合っていっしょに制作をするようになりました。

モクタンの最初の印象は、もの静かでおだやかな人。出あったときから日本語がペラペラで、とても話しやすかったです。人と意見がぶつかることをさけるのがじょうずで、自分の考えをしっかり伝えながらも、相手の話もよく聞きます。つきあいが長くなるにつれ、明るくておもしろいキャラクターも見えてきました。

モクタンの家に遊びに行くと、グリンピースのスープなど、めずらしい料理をつくってくれます。夫婦そろって背すじがピンとしていて姿勢がよく、わたしは猫背を注意されています。

決めつけや偏見はよくない

モクタンと出あう前は、ブラジル人というと、サンバをおどる底ぬけに明るい人たちという先入観がありましたが、彼はまったくちがうタイプでした。故郷の話を聞くと、雪はふらないけれど霧が出るほどすずしいこともあるそうです。ブラジルといっても広いし、いろいろな人がいるのですね。彼に出あえたおかげで、自分がよく知らない国や地域の人たちのことをこうだと決めつけ、偏見をもつことはやめようと思うようになりました。

長く心に残る作品をつくりたい

いま、わたしが制作の協力をしている作品は、人間のもつ悪意やいかりといった感情をテーマにしています。モクタンの漫画は日本にはあまりないタイプで、見るたびにおもしろいと感じます。流行を追いかけるのではなく、長く心に残るような作品を残していきたいと2人でよく話しています。

数年前にもらった、モクタンさんの地元でとれた鉱物でつくられた、「知恵」の象徴とされるフクロウのおみやげ。

ブラジル　モクタン・アンジェロさん

モクタンさんの ここにびっくり！ ブラジルと日本

日本人は食べものをむだにしすぎ！

ブラジルではまずしい人に食事を分けるのがあたりまえ

　子どものころは、家でお昼ごはんを食べ終わったころに、「食べものをください」とまずしい人たちがたずねてきて、あまった食事を分けてあげるということがよくありました。ブラジルでは、まずしい人に食べものを分けてあげるのはふつうのことです。

　わたしが日本に来ておどろいたのは、パン屋さんがまだじゅうぶん食べられるきれいなパンを、ゴミ袋（ぶくろ）に入れていたことです。日本にはホームレスの人もたくさんいて、食べものにこまっている人も多いのに、もったいないと思います。

　わたしは、日本に来てからホームレスの人にパンを配るボランティアをやっていました。50歳（さい）くらいの男性（だんせい）に「パンをどうぞ」と声をかけたら、笑顔で「これが今日（きょう）はじめての食べものです」と言って受けとってくれました。

　日本人には、もっと食べものも人も大切にする気持ちをもってほしいですね。みんなが助けあうことができれば、もっと平和にくらせると思います。

勉強よりも友だちを優先じゃないの!?

「まじめ」であることよりも人づきあいを大切にすることが重要

ブラジルの学校には部活動がなく、塾や習いごとに通う子どもも少ないので、放課後は自由な時間です。サッカーをしたり、たこをつくってたこあげをしたりします。学校の宿題は、それほど多くは出されません。そして、もし友だちから遊びにさそわれたら、宿題よりも友だちと遊ぶことを優先させます。

これは社会に出てからも同じで、仕事の仲間から食事にさそわれたら、「まだ仕事が残っているので」とことわるのはあまりよくないこと。ブラジルでは、社交的であることが何より重要です。

ブラジル モクタン・アンジェロさん

学校のあとは、ブラジルの国民的スポーツであるサッカーをする子どもが多い。
写真提供：Félix Batista/flickr

ちゃんと遊べる人がかっこいいんだよ！

争いを好まないところがにている

日本人もブラジル人も性格がおおらか

日本人は、あまり争いを好まないと思います。じつはブラジル人も、よい意味でも悪い意味でもおおらかで、争いごとをさけようとします。たとえば、ブラジルでは政治家が問題を起こしても、みんなそれほどおこらず、しばらくするとわすれてしまいます。日本人にも、にたようなところがありませんか？

日本人はがんばりすぎている!!

ブラジル人は逆に神だのみしすぎ もっとがんばれといいたい！

　日本人には、先のことを考えて心配したり、失敗をおそれて不安になったりする人が多いと感じます。自分の力でなんとか乗りきろうとするのはいいことだけど、がんばりすぎてしまうところもあると思います。

　一方、ブラジル人は神だのみをしすぎです。「がんばれ」をポルトガル語では「Boa sorte」と言いますが、これは自分の力で運命を切りひらくのではなく、「神様が決めた運命がよいものだったらいいね」という意味で使われます。自分の力ではおよばないこともあるという考え方ですが、「もうちょっとがんばれ」と言いたくなりますね。

日本のなかにブラジルがある!? 日系ブラジル人のコミュニティ

　1890年代、ブラジルでは、農地を耕す人手が必要になり、広く移民を受けいれました。日本からも、コーヒー農園などではたらくために多くの人が海をわたり、日系人としてくらしました。

　1990年代になると、こんどはその日系2世、3世が日本に出かせぎに来るようになります。日系3世までに、日本国内ではたらく資格があたえられたのがきっかけでした。

　現在、日本にいるブラジル人は約18万人。愛知県、静岡県、三重県、群馬県、岐阜県の順に多く、とくに自動車工場などが集まるところには「ブラジル人街」とよばれるところや、ブラジル人の集まり（コミュニティ）があります。

日系ブラジル人が多い群馬県大泉町では、カーニバルなどのブラジルのお祭りが毎年行われている。

写真提供：大泉町観光協会

データ調べ ブラジルをもっと知ろう！

- **❶ 正式名称** ブラジル連邦共和国
- **❷ 首都** ブラジリア
- **❸ 面積** 851万6,000km²（日本は37万8,000km²）
- **❹ 地勢** 南アメリカ大陸東部の主要部分をしめる。北部を西から東に流れるアマゾン川は全長6,516kmあり、南アメリカ最長。
- **❺ 人口** 2億928万8,000人〈2017年〉（日本は1億2,558万4,000人〈2017年〉）
- **❻ おもな言語** ポルトガル語（公用語）
- **❼ 民族** 白人53.7％、ムラート（白人と黒人の両方を祖先にもつ人たち）38.5％、黒人6.2％など。
- **❽ 宗教** キリスト教が多く、カトリックが73.6％、プロテスタントが15.4％など。
- **❾ 通貨** レアル
- **❿ 日本とブラジリアの時差** 日本より12時間おそい（夏時間※では11時間おそい）
- **⓫ 東京とブラジリアの距離** 1万7,672km
- **⓬ ブラジリアの平均気温** 〈1月〉21.8℃ 〈7月〉19.3℃（東京の平均気温は、〈1月〉5.2℃、〈7月〉26.4℃）
- **⓭ 平均寿命** 男性71歳、女性79歳〈2015年〉（日本は男性81歳、女性87歳〈2015年〉）
- **⓮ 日本にくらすブラジル人の数** 18万923人〈2016年〉
- **⓯ ブラジルにくらす日本人の数** 5万3,400人〈2016年〉
- **⓰ 世界遺産登録数** 21件〈2017年〉

※夏時間：日の出の時刻が早まる夏の約6か月間、時計の針を1時間進める制度。

世界遺産でもあるリオデジャネイロのコルコバードの丘には、巨大なキリスト像が立っている。

世界一の流域面積をほこる、北部を流れるアマゾン川。

写真提供：NASA

⓱ 日本との貿易

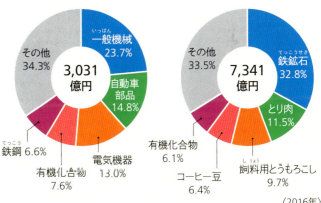

◆ 日本からブラジルへの輸出　3,031億円
- 一般機械 23.7％
- 自動車部品 14.8％
- 電気機器 13.0％
- 有機化合物 7.6％
- 鉄鋼 6.6％
- その他 34.3％

◆ ブラジルから日本への輸出　7,341億円
- 鉄鉱石 32.8％
- とり肉 11.5％
- 飼料用とうもろこし 9.7％
- コーヒー豆 6.4％
- 有機化合物 6.1％
- その他 33.5％

〈2016年〉

距離は遠いけど、かかわりは深い ブラジルに興味をもってね！

※データの出典は48ページ。

専門学校生
ジェカテリナ・
エルナンデス・スアレスさん

コロンビア
から来た
ジェカテリナ・エルナンデス・スアレスさん
に聞きました

※コロンビアでは、名前・母親の名字・父親の名字の順で氏名を名のる。

わたしが来日した理由

子どものころから日本の文化に興味があったからです！

ジェカテリナさんと日本のつながり

- **23年前**
コロンビアのボゴタ市で生まれる。

- **21年前**
父の仕事で来日。千葉県で半年間すごす。

- **5年前**
コロンビアの大学で金融を学びながら、日本語の勉強もはじめる。

- **2年前** 来日！
奨学生の試験に合格して来日。日本語学校に1年通ったあと、専門学校に入学。

- **現在**
専門学校に通い、観光学を学びながら、南米料理店「ロミーナ」でアルバイトをしている。

Q. 日本に興味をもったきっかけは何ですか？

父の仕事の関係で、2歳のころに半年間、日本に住んだことがありました。まだ小さかったので、そのころの記憶はありませんが、コロンビアに帰国後も父の日本文化好きの影響で、わたしも日本の映画や『ポケットモンスター』などのアニメをいっしょに見ていました。

また、コロンビアで有名な日系人※の横井研二ディアス※さんがテレビ番組などで、日本とコロンビアの文化のちがいを語っているのを聞き、ますます日本に興味をもちました。

Q. どうして日本に来ることになったのですか？

日本への留学をめざして、高校卒業後に日本語の勉強をはじめました。奨学金をもらうために数学と英語、日本語の試験を受け、3度目でようやく合格しました。コロンビアの大学を退学して、2016年に来日し、いまは、日本の専門学校で観光学を学んでいます。

ずっと夢だった日本への留学がかない、うれしい気持ちでいっぱいです。わたしが生まれ育ったコロンビアのボゴタには、電車がなかったので、東京ではじめて電車に乗ったときは大興奮でした。

来日したころは、友だちといっしょに住んでいましたが、いまは一人ぐらしです。家族とはなれてくらすのはさみしいけれど、少しずつなれてきました。

家族旅行でとったジェカテリナさんの思い出の一枚。コロンビアではいつも家族がいっしょだった。

● ジェカテリナさんの母国・コロンビア

カルタヘナの港と要塞は、世界遺産になっている。

※日系人：外国の国籍をもち、日本人の血をひいている人のこと。
※横井研二ディアス：日本人の父とコロンビア人の母をもつ日系人。ボゴタのスラム街に住み、社会活動をしている。

日本での仕事とくらし

専門学校で勉強をしながら料理店ではたらくジェカテリナさん。仕事とくらしについて聞きました。

将来の夢は旅行会社の経営者

わたしがいま通っている専門学校は、東京都の御茶ノ水にあり、同じ東京都の八王子から1時間以上かけて通学しています。観光学のなかでも、おもに観光ビジネスについて学んでいて、将来は自分の旅行会社を経営することが夢です。

日本語の勉強をはじめて5年以上経ちましたが、やっぱり日本語はとてもむずかしいです！ 会話はだいぶうまくなりましたが、漢字を覚えるのがたいへんです。

南米料理店でアルバイト 母国語が話せてうれしい

一人ぐらしなので、よく自分で料理をつくっています。コロンビア料理に使うスパイスやハーブが手に入りにくいので、日本の調味料を使って肉を焼いたり煮こんだりして、にたようなものをつくります。

日本の料理では、お寿司や焼きそば、ラーメンなどは大好きでよく食べますが、納豆や豆腐など、苦手な食材もいくつかあります。日本はコロンビアにくらべて物価が高く、とくにフルーツの値段が高くてびっくりしました。

週に2回、東京都の四谷にある南米料理店「ロミーナ」でアルバイトをしています。アルバイト仲間はみんな南アメリカからの留学生で、スペイン語※

専門学校では観光ビジネスについて学んでいる。

専門学校の文化祭では、友だちと南アメリカで人気のダンス音楽、バチャータをおどった。

ジェカテリナさんのある1日

5:00	起床
7:00	通学
9:00	授業開始
12:00	昼食 ▶ 学校にいるときはコンビニですますことが多い。
15:10	授業終了
16:00	アルバイト ▶ 週2回は南米料理店でアルバイト。それ以外の日はジムのプールで泳いだり、友だちに会ったりする。
23:00	就寝

※コロンビアの公用語はスペイン語。ほかにもペルーやアルゼンチンなど、中央・南アメリカの多くの国がスペイン語を公用語としている。

まかないでよく食べているという、豚肉の唐あげ「チチャロン」と、ユカというイモをあげた「キャッサバ」。

南米料理店「ロミーナ」では接客を担当。日本人のお客さんと会話ができるので勉強にもなる。

ジェカテリナさんがとくに好きなお店のメニューは、ペルー料理の「セコン フリフォーレス」。牛肉とカナリオ豆などをトロトロに煮こんでいる。

が話せるし、店長がまかない*もつくってくれる、最高のアルバイト先です。

休日やあいた時間には、ジムのプールで泳いだり、ボウリングをしたりします。また、バチャータというダンス音楽が好きで、自宅や学校のイベントなどでおどることもあります。

季節の変わり目には体調をくずしてしまうことも

南アメリカの国はどこも暑いと思われがちですが、わたしが生まれたボゴタは標高が高く、1年を通して平均気温は15℃くらい。寒暖の差はありません。

日本では、夏はとても暑く、冬は寒いのでおどろきました。雪を見たのもはじめてでした。寒さにはまだなれず、季節の変わり目にはよくかぜをひいてしまいます。

すずしいコロンビアでは、ゴキブリを見たことがなかったので、夏に自宅でゴキブリが出たときは、恐怖のあまりすごい大声でさけんでしまい、近所の人や警察官がかけつけてきたこともありました。とてもはずかしかったけれど、近所に顔見知りがふえて、いまとなってはいい思い出です。

＊まかない：飲食店が従業員のためにつくったり用意したりする、かんたんな食事。

こんなことまで聞いてみました！

Q. 特技は何ですか？

「ボウリング」

スポーツやダンスなど、体を動かすのが大好きで、とくにボウリングは大得意です。コロンビアにいたころには4年間、ボウリングの学校に通っていました。

Q. 出身国からもってきたものは？

「コーヒー」

コロンビアはコーヒーの生産がさかんで、苦みが少なく、飲みやすい味が特徴です。なべにお湯をわかし、そこにコーヒーの粉を入れて、しばらく煮たものをこして飲みます。

大切な人とのつながり

日本に来てから仲よくなった中央・南アメリカの友だちや、家族について聞きました。

中央・南アメリカの友だちに会うとホッとする

わたしと同じ時期に奨学金をもらい、日本に来た仲間にはアルゼンチン出身者が2人とドミニカ共和国出身者が1人います。彼らとはひんぱんに会っていろいろな話をします。また、毎年7月20日はコロンビアの独立記念日で、その日の前後には、コロンビア人の友だちと集まります。いま通っている専門学校は、中央・南アメリカの出身者はいないので、こうした交流はとても楽しいです。

東京都内の公園に集まって独立記念日を祝った。

仲よし家族全員で京都旅行へ

わたしは、父と母、6歳はなれた弟の4人家族です。父は空港ではたらいていて、母は専業主婦、弟はまだ高校生です。最近、家族が日本に来て、いっしょに京都へ旅行しました。とても楽しかったです。家族はとても仲がよく、スマートフォンのアプリでメッセージを送りあったり、ビデオ通話で連絡をとりあったりしています。

左からお父さん、ジェカテリナさん、お母さん、弟さん。

金沢でホームステイも経験

昨年の夏、石川県の金沢市で1週間のホームステイを経験しました。日本人のくらしがよくわかったし、はじめて浴衣を着て夏祭りにも参加でき、ほんとうによい経験になりました。お世話になったご夫婦はとても親切で、いまでも連絡をとっています。

浴衣姿のジェカテリナさん。

日本全国を旅することが、わたしの夢です！

店長さんに聞きました

日本人のお客さんとの会話もじょうずな人気者です!!

「ロミーナ」店長
エビサワ・エミリオ さん

※「エミリオ」は、南アメリカを旅行していたときの愛称。

中央・南アメリカの魅力を伝える

わたしは以前、10年ほどかけて中央・南アメリカの国を旅行していました。日本にもどってきて、多くの人に中央・南アメリカの魅力を伝えるような仕事をしたいと思い、この店をはじめました。料理はわたしが1人で担当し、接客はすべて、中央・南アメリカ出身の留学生のアルバイトにまかせています。

エミリオさんは、100種類以上の南米料理を1人でつくっている。

母国語を話せる貴重な場

ふだんの会話はスペイン語で、みんな身内のように仲よくアットホームです。わたしが旅をしているときにも感じたことですが、母国語を話せない環境にくらすのは、いいたいことがうまく伝わらず、とても心細いものです。ストレスもかかえやすくなります。日本にくらす外国人はふえていますが、中央・南アメリカの人はまだ少ないほうです。ジェカテリナやほかの子にとっても、ここが安心してコミュニケーションをとれる場であったらいいなと思いますね。

音楽にのっておどり出すことも

ジェカテリナにはじめて会ったときは、すでに日本語がじょうずで、外国人はたいてい苦労する敬語まで使いこなしていておどろきました。教養があって、いつも笑顔をたやさないので、お客さんと接する仕事に向いています。

お客さんは大半が日本人なので、最初は緊張してしまう子が多いなか、ジェカテリナは自分からどんどんお客さんに話しかけていました。

ときどき、お店で流している音楽にのっておどり出すこともあり、楽しいふんいきをつくってくれます。お客さんが帰るころにはすっかり仲よくなり、お客さんのほうからジェカテリナに「バイバイ」とあいさつをするほど、だれからも愛される人気者です。

アルバイト仲間のなかでも、とくに明るい性格のジェカテリナさんは、みんなのムードメーカーになっている。

コロンビア　ジェカテリナ・エルナンデス・スアレスさん

ジェカテリナさんの
ここにびっくり！コロンビアと日本

日本の学生は朝がおそい!?

コロンビアではおとなも子どももみんな早起き

　コロンビア人は、よくことわざを使います。なかでも子どものころから教えられていた「Al que madruga Dios le ayuda」ということわざは、翻訳すると「早起きすれば神の手伝い」。これは「朝早く起きると、仕事や勉強など、たくさんのことができる」という意味です。わたしが通っていたコロンビアの大学では、早いときは朝の6時から授業がはじまるため、4時に起きていました。父はふだんからもっと早起きです。
　わたしがいま通っている日本の専門学校は、授業開始は9時。大学の授業はもっとおそい時間からはじまることもあると聞きました。日本にも「早起きは三文の徳」ということわざがあるそうですが……。

コロンビアは小・中学校も朝が早い！

　コロンビアでは、大学だけではなく小学校や中学校の授業がはじまる時間も早く、朝7時に1時間目の授業がはじまるのが一般的です。スクールバスに乗って遠くの学校に通う子どもたちは、毎朝4時から5時に起きています。

日本の服はとってもおしゃれ！

原宿や渋谷で買いものをするのが楽しい

コロンビアの首都ボゴタは繊維産業がさかんで、最近はショッピングセンターもふえてきました。でも、売っているのはジーンズにTシャツなど、定番のスタイルです。

日本の洋服はかわいくて、渋谷や原宿での買いものはほんとうに楽しいです。洋服だけでなく、バッグなどの小物や化粧品も種類が豊富なので、買いものだけで1日すごせるくらい。また、季節によって着る服を変えられるのも楽しいですね。

コロンビア　ジェカテリナ・エルナンデス・スアレスさん

電車でねている人がいてびっくり！

日本人はチームを大切にするけどはたらきすぎには気をつけて

夜おそい時間の電車に乗ると、たくさんの人が車内でねているのを見かけます。車内の床でねている人を見たときは、ほんとうにびっくりしました。

日本人はみんな親切で、チームではたらくことを大切にしているのがすばらしいと思います。でもそれが、みんな帰るまで自分も帰れないと、はたらきすぎの原因になっていないか心配です。

コロンビアでは、朝が早いこともあり、おそい時間まで仕事をする人はほとんどいません。

日本の料理はうす味であまさがひかえめ

コロンビアの伝統料理アヒアコは、日本のクリームシチューのような味がする。

写真提供：Pedro Szekely/flickr

「コロンビア料理も知ってほしいな。」

あますぎるのが苦手だから日本のお菓子がお気にいり

　日本とコロンビアの料理は、味つけがぜんぜんちがいます。日本の料理はだしをじょうずに使い、塩分をおさえてうす味でヘルシーな印象です。お菓子もあまさがひかえめで、あまいものが苦手なわたしにはうれしいかぎりです。

　コロンビアは、肉やイモを使った料理が多く、塩味が強めで、あまいものはとことんあまいのが特徴です。コロンビアに行くことがあったら、ぜひ食べてほしいのが、伝統料理の「アヒアコ」。とり肉とジャガイモ、トウモロコシなどが入ったスープで、味の決め手は「ワスカ」というハーブです。日本では手に入れるのがむずかしいハーブなので、ほぼ食べられません。

日本はゴミ箱がないのに道がきれい！

コロンビアでは道でポイすてする人がたくさん

　東京に来ておどろいたことは、道ばたにゴミがほとんど落ちていないこと。道路や駅などにはゴミ箱がほとんど置かれていないのに、「なぜ？」と不思議に思います。きっとマナーのよい人が多いのですね。

　コロンビアのボゴタは、ゴミ箱があるのに、道にはゴミがいっぱい落ちているんです。東京のように、きれいな街になってほしいと思います。

ボゴタの市内。落書きも多いという。

写真提供：Pedro Szekely/flickr

「日本は都会でも街がきれいでびっくり！」

データ調べ コロンビアをもっと知ろう！

❶ 正式名称	コロンビア共和国
❷ 首都	ボゴタ
❸ 面積	114万2,000km² （日本は37万8,000km²）
❹ 地勢	南アメリカ大陸の北西部で、カリブ海と太平洋に面している。国土の40％が山地。
❺ 人口	4,906万6,000人〈2017年〉（日本は1億2,558万4,000人〈2017年〉）
❻ おもな言語	スペイン語（公用語）
❼ 民族	メスチソ（白人と先住民を祖先にもつ人たち）58％、白人20％、ムラート（白人と黒人を祖先にもつ人たち）14％など。
❽ 宗教	90％以上がキリスト教（カトリックが80.0％、プロテスタントと独立派キリスト教が13.5％）。
❾ 通貨	ペソ
❿ 日本とボゴタの時差	日本より14時間おそい
⓫ 東京とボゴタの距離	1万4,337km
⓬ ボゴタの平均気温	〈1月〉13.1℃　〈7月〉13.3℃（東京の平均気温は、〈1月〉5.2℃、〈7月〉26.4℃）
⓭ 平均寿命	男性71歳、女性78歳〈2015年〉（日本は男性81歳、女性87歳〈2015年〉）
⓮ 日本にくらすコロンビア人の数	2,347人〈2016年〉
⓯ コロンビアにくらす日本人の数	1,238人〈2016年〉
⓰ 世界遺産登録数	8件〈2017年〉

首都ボゴタは山に囲まれた盆地で、高層ビルも立ちならぶ。

北部にあるグアタペは、カラフルな建てもので知られる街。

⓱ 日本との貿易

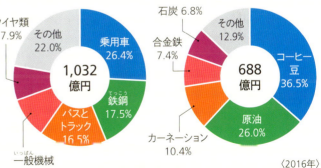

◆ 日本からコロンビアへの輸出　1,032億円
- 乗用車 26.4%
- 鉄鋼 17.5%
- バスとトラック 16.5%
- 一般機械 9.7%
- タイヤ類 7.9%
- その他 22.0%

◆ コロンビアから日本への輸出　688億円
- コーヒー豆 36.5%
- 原油 26.0%
- カーネーション 10.4%
- 合金鉄 7.4%
- 石炭 6.8%
- その他 12.9%

〈2016年〉

南アメリカだけどすずしい国、コロンビアに遊びに来てね！

※データの出典は48ページ。

さくいん
（五十音順）

あ行

IT企業（アイティーきぎょう）	6、7、8、11、27、28
アニメ	27、37
アヒアコ	44
アプリ	10、40
アマゾン川	35
アメリカ合衆国（がっしゅうこく）	15
アルバイト	30、37、38、39、41
イスラム教	15、25
イチロー	9
移民（いみん）	34
インターナショナルスクール	12
インターネット	21
ウェブサイト	18、19、21
運転免許証（めんきょしょう）	13
映画（えいが）	14、17、37
英語	10、11、15、19、25、37
SNS（エスエヌエス）	20、30
オタワ	17、25
お笑いタレント	6、7、8、9、10、11
オンタリオ州	22

か行

介護士（かいごし）	18
学校制度（せいど）	12、22
カトリック	25、29、35、45
カナダ人	16、22、25
カナダ=ドル	25
鎌倉（かまくら）	19
カルタヘナ	37
観光学	37、38
着物	30
教会	10、29
キリスト教	15、25、29、35、45
キリスト教徒	10
クリスマス	20、30
ゲーム	8、9
結婚（けっこん）	7、10、20、30
高齢者施設（こうれいしゃしせつ）	18、20
コーヒー	24、39
国籍（こくせき）	16、17
ことわざ	42
ゴミ	14、44
コミュニティ	34
コルコバードの丘（おか）	27、35
コロンビア共和国（きょうわこく）	45
コロンビア料理	38、44
コンピューター	17

さ行

サービス	14、18
在留外国人（ざいりゅう）	3
サッカー	33
茶道（さどう）	30
CNタワー（シーエヌ）	17
実力主義（しゅぎ）	13、15
自動販売機（はんばいき）	24
ジャガイモ	19、44
自由の女神像（めがみぞう）	7、15
授業（じゅぎょう）	22、42
受験勉強	12、22
主食	19
障がい（しょう）	17、18、21、22、25
障がい者（しょう）	19
奨学金（しょうがくきん）	37、40
スクールバス	22、42
スペイン語	38、41、45
スマートフォン	10、40
スロープ	18
制服（せいふく）	12、27
聖闘士星矢（セイントセイヤ）	27
世界遺産（いさん）	7、25、27、35、37

禅	29
繊維産業	43
専業主婦	10、40
先住民	15、25、45

た行

宝もの	9
多国籍	20
チェルシー	7
チョコレート	29
哲学	29、30
動画	21
豆腐	28、38
東洋医学	27
特別支援学校	22
独立記念日	40
飛び級	12
トロント市	17、22

な行

日系人	29、34、37
日本語	7、8、10、11、17、30、31、37、38、41
日本の料理	38、44
日本文化	30、37
入学試験	12、22
ニューヨーク	7、14、15

は行

パソコン	8、10、18、23
バチャータ	38、39
バリアフリー	18、19、20、21
ビデオ通話	40
部活動	13、33
仏教	15
ブラジリア	27、35
ブラジル人街	34
ブラジル連邦共和国	35
フランス語	25

ブログ	9
プロテスタント	25、35、45
米ドル	15
ベジタリアン	28
ペソ	45
ベロオリゾンテ	27
偏見	31
保育園	18、20
訪日外国人	3
ホームステイ	40
ボゴタ	37、39、43、44、45
ボランティア	29、32
ポルトガル語	29、34、35
ホワイトハウス	15

ま行

まかない	39
漫画	27、28、29、31
ミシガン州	7、9
名字	20、36
ムラート	35、45
メジャーリーグベースボール	9
メスチソ	45

や行

ユーチューバー	21
ユダヤ教	15
幼稚園	8、10、12

ら行

留学	27、37
レアル	35
ローストカカオ	29

わ行

ワシントンD.C.	7、15
ワスカ	44

監修

佐藤 郡衛（さとう・ぐんえい）

明治大学国際日本学部特任教授。1952年福島県生まれ、東京大学大学院博士課程修了。博士（教育学）。東京学芸大学国際教育センター教授、東京学芸大学理事・副学長、目白大学学長、外務省海外交流審議会委員、文部科学省文化審議会 国語分科会 日本語教育小委員会委員等を歴任。著書『異文化間教育』、『国際理解教育』（ともに明石書店）など多数。

取材協力

株式会社ワタナベエンターテインメント
アゼリーグループ社会福祉法人江寿会
ROMINA

写真協力

Pixabay
写真AC
photolibrary
shutterstock
PIXTA

スタッフ

編集・執筆	吉田美穂
	安藤千葉
	前田登和子
撮影	大森裕之
	竹内洋平
	舩田 聖
イラスト	いのうえしんぢ
	上垣厚子
校正	佐野悦子
	板谷茉莉
デザイン・DTP	ごぼうデザイン事務所
編集協力	前田登和子
	遠藤喜代子
編集・制作	株式会社 桂樹社グループ

※P15、25、35、45のデータの出典
①～③,⑤～⑨,⑫,⑰『データブック オブ・ザ・ワールド2018年版』二宮書店　③外務省ウェブサイト「国・地域」　⑩,⑪『理科年表 平成30年版』丸善出版　⑪国土地理院ウェブサイト「距離と方位角の計算」⑫気象庁ウェブサイト「世界の天候データツール」⑬「世界の統計2017」総務省　⑭「在留外国人統計（2017年6月末）」法務省　⑮「海外在留邦人数調査統計（平成29年要約版）」外務省　⑯"World Heritage List" UNESCO

※本書で紹介している見解は個人のものであり、また、風習には地域差や各家庭による差があることをご了承ください。

聞いてみました！
日本にくらす外国人 3
アメリカ・カナダ・ブラジル・コロンビア

発行　2018年4月　第1刷

発行者	長谷川 均
編集	松原 智徳
発行所	株式会社 ポプラ社
	〒160-8565 東京都新宿区大京町22-1
	振替　00140-3-149271
	電話　03-3357-2212（営業）
	03-3357-2635（編集）
	ホームページ　www.poplar.co.jp
印刷・製本	共同印刷株式会社

ISBN978-4-591-15754-1　N.D.C.375　47p　29cm　Printed in Japan

● 本書のコピー、スキャン、デジタル化等の無断複製は著作権法上での例外を除き禁じられています。本書を代行業者等の第三者に依頼してスキャンやデジタル化することは、たとえ個人や家庭内での利用であっても著作権法上認められておりません。
● 落丁本・乱丁本は送料小社負担にてお取り替えいたします。小社製作部宛にご連絡下さい。
　電話0120-666-553　受付時間は月～金曜日、9:00～17:00（祝日・休日は除く）。
● 読者の皆様からのお便りをお待ちしております。いただいたお便りは編集部から制作者にお渡しいたします。

聞いてみました！日本にくらす外国人

N.D.C.375　監修：佐藤 郡衛

全5巻

1. 中国・韓国・フィリピン・ベトナム
2. インド・ネパール・トルコ・サウジアラビア
3. アメリカ・カナダ・ブラジル・コロンビア
4. イギリス・イタリア・ロシア・エストニア
5. オーストラリア・ニュージーランド・ナイジェリア・マリ

小学校高学年〜中学生向け　オールカラー
A4変型判　各47ページ
図書館用特別堅牢製本図書

★ポプラ社はチャイルドラインを応援しています★
こまったとき、なやんでいるとき、
18さいまでの子どもがかけるでんわ
チャイルドライン®
0120-99-7777
ごご4時〜ごご9時　＊日曜日はお休みです
電話代はかかりません　携帯・PHS OK